让你受益一生的成功必读指导

步步为营
从0到1学创业

创业要想成功,首要的工作就是要做好创业策划。创业策划不仅仅是一个"点子","点子"是策划的源头,但只有点子不行,还必须要根据点子规划出一套战略,一套"组合拳"。

肖胜萍◎编著

成功励志
珍藏版

煤炭工业出版社
·北京·

图书在版编目（CIP）数据

步步为营：从0到1学创业/肖胜萍编著．--北京：煤炭工业出版社，2018
ISBN 978-7-5020-6519-5

Ⅰ.①步… Ⅱ.①肖… Ⅲ.①创业 Ⅳ.①F241.4

中国版本图书馆CIP数据核字(2018)第039091号

步步为营
——从0到1学创业

编　　著	肖胜萍
责任编辑	马明仁
封面设计	盛世博悦
出版发行	煤炭工业出版社（北京市朝阳区芍药居35号　100029）
电　　话	010-84657898（总编室）
	010-64018321（发行部）　010-84657880（读者服务部）
电子信箱	cciph612@126.com
网　　址	www.cciph.com.cn
印　　刷	北京德富泰印务有限公司
经　　销	全国新华书店
开　　本	880mm×1230mm $^1/_{32}$　印张　$7^1/_2$　字数　210千字
版　　次	2018年5月第1版　2018年5月第1次印刷
社内编号	20180028　　　　　定价　49.80元

版权所有　违者必究

本书如有缺页、倒页、脱页等质量问题，本社负责调换，电话:010-84657880

前 言

如今，谈"创业"的人越来越多，但真正创业成功的人却很少。一部分人仅仅将创业挂在嘴边，缺乏付诸实施的勇气和决心；一部分人尽管雄心勃勃地投入到创业队伍中，到头来却半途而废。

如何才能在创业形势日益艰难的情况下更好地进行创业？有一个关键的环节不容忽视，那就是创业策划。

好的开头就是成功的一半。创业要想成功，首要的工作就是要做好创业策划。

创业策划不仅仅是一个"点子"，"点子"是策划的源头，但只有点子不行，还必须要根据点子规划出一套战略，一套"组合拳"。

处于创业阶段，或者准备开展一项新的经营项目时，会面临大量繁杂的工作与各种各样的问题，例如，如何开展对市场的调研、融资、选址，怎样注册、交税、招募人员、吸引顾客，等等。这个时候，就需要科学而完备的创业策划，对你的创业设想进行科学的分析与安排，对其中的风险进行预估和防范。

为了支持创业者的创业激情，减少创业风险，我们编写了本书，希望通过降低风险，提升成功的可能性来帮助创业者开创事业，每一个经历过创业的人都明白创业的道路坎坷而曲折。

本书具有观点新、角度新、资料新的特点。内容深入浅出，针对性很强，对广大创业者具有重要的现实指导意义。

编者
2018年

目 录 Contents

第一章 创业者的前期筹备 ·········· 1
一、好的行业，是创业成功的前提 ·········· 1
二、筹措创业资金的渠道 ·········· 15
三、把握时机，切入市场 ·········· 21
四、启动资金如何获取 ·········· 28
五、关于融资的学问 ·········· 30
六、与中小企业相关的优惠政策 ·········· 34

第二章 看清自身条件再创业 ·········· 56
一、各种素质齐备，才可能成功 ·········· 56
二、经营才能是创业者的基本功 ·········· 66
三、知识就是创业资本 ·········· 75
四、怎样才称得上是企业家 ·········· 78

第三章 决策要适应创业环境 ·········· 88
一、宏观环境决定企业的生存和发展 ·········· 88
二、中观环境的媒介作用 ·········· 94
三、控制微观环境，重视国际环境 ·········· 98
四、创业案例 ·········· 103

第四章　高新技术产业 ····················· **106**
　　一、高新技术产业的特点 ················· 106
　　二、中小企业的高新技术 ················· 108
　　三、企业孵化器是中小企业的摇篮 ············ 130

第五章　如何创办中小企业 ················· **150**
　　一、企业形式要适合自己 ················· 150
　　二、企业登记注册 ···················· 164
　　三、工商登记注册 ···················· 165
　　四、税务登记 ······················ 171
　　五、银行开户 ······················ 179
　　六、其他相关手续 ···················· 181

第六章　起步阶段如何经营 ················· **183**
　　一、建立完善的管理制度 ················· 183
　　二、人才是企业的第一资本 ················ 188
　　三、遭遇创业危机怎么办 ················· 198
　　四、经营策划决定企业存亡 ················ 202

第七章　避开陷阱，脱颖而出 ················ **218**
　　一、战略规划是企业的灵魂 ················ 218
　　二、规划和设计不能脱离实际 ··············· 221
　　三、要重视人才教育和培养 ················ 227
　　四、赚钱不能纸上谈兵 ·················· 231

第一章　创业者的前期筹备

谈到创业，几乎人人都有一套可以高谈阔论的生意经，然而真正付诸执行的个案实在是屈指可数。

凡事预则立，不预则废。

中小企业创业，天时、地利、人和，一个都不能少。创业筹备得充足与否，直接关系到企业创立后的成败。

简单地说，中小企业的创业者前期筹备包括行业选择、募集资金以及切入市场时机的捕捉。

一、好的行业，是创业成功的前提

掘金要选好矿，钓鱼要选好塘。在一个非金矿区掘金或在死海钓鱼，付出再大的努力也得不到任何收获。

创业者创业，也如同掘金和钓鱼，需要选对自己所投资的行业。好的行业，是创业成功的前提，它为企业今后的生存、发展与壮大，提供了可能性和铺平了道路。当然，世上没有绝对的热门行业，选定合适的创业行业，对创业者来说是一个较难的课题。

选定创业行业，包括创业行业评估和创业决策两个重要阶段。

（一）创业行业评估

创业行业的评估，主要从以下六个方面来进行。

1. 生意的季节性

大多数行业中的销售和利润都存在着季节性变化。在受季节影响非常大的场合，经营者必须为抵消这种影响而做某些调整。第一种通常的做法是从事季节特征各有不同的多种业务。例如防风门窗的制造商在夏季的几个月里可以增加一条遮阳篷生产线，专营供暖产品的企业可以兼营空调设备。

第二种调整措施就是保持一支规模较小的永久性员工队伍，在旺季时则通过招募临时员工来满足工作需要。

第三种调整措施是在全年度里均衡生产从而为旺季进行大量储备。

以上所提到的调整措施以及其他一些办法保护创业者能以一个合理的效率进行经营。这就要求创业者有很高的经营技巧，而有些调整措施（如建立储备）可能伴随着很高的风险。因此，季节性过强在经营中被看作是一个负面的因素。

这种负面的因素是客观存在的，作为创业者，只有努力去适应它。

2. 受宏观经济形势的影响程度

除去少数例外，大多数行业在经济衰退时都要受到负面的影响，但低价生活必需品受到的冲击最小。此时，某些市场领域还会向低档化转移，即对于某种产品来说，高价品牌的商品会将一部分市场份额让给低价品牌。有时甚至还会出现产品的互相替代，一般来说，经济衰退期间非耐用生活必需品的供求是稳定的。

对那些能够推迟消费的商品来说经济兴衰的影响最为明显。希望更新自己汽车的消费者可能会将购买行为推迟一年或几年，因此汽车制造商在景气年份必须开足马力生产，而在萧条年份则只能发挥60%的生产能力。如果该公司的保本开工率为80%，它在景气年份的利润会十分丰厚，而在萧条年份则会蒙受损失。认识不到宏观经济对企业影响会使企业陷入困境，甚至还会造成企业的破产。

有很多方法可以用来缓和经济不景气的影响，抵消季节因素影响的方法也可用来消除经济衰退的影响。对于正在扩张的产业，一个理想的方案就是安排好扩展的时机以使新的设施与人员的添置刚好赶在经济复苏时进行。

保持均衡的另一种方法是通过精心策划使企业在经济处于低谷时仍能有效运行，并获得盈利。这样，当经济出现好转需求开始激增时，企业可以增加临时设施来满足需要。如果是制造业的话，企业可以从其他供应商那里购买配件或产品作为自己的产品销售。

3. 产业的受管制程度

尽管我国迫切需要在更大程度上开发自给自足的能源，但新能源的开发却一再被延误，或者像核电厂那样，被迫在非经济规模的水平上运行。而在制药业中，管制者们大大减缓了新药诞生的速度。尽管这使得消费者免受不合格新产品的影响，但这种过度管制同时也使消费者不能享用那些能够改善其健康状况，甚至可以挽救他们生命的新药。

被管制的产业在通货膨胀时期非常容易受到危害。20世纪，在通胀最严重的时期，增长最快的产业之一的电力工业也一片混乱。电力工业的成本结构取决于电厂成本、电厂融资的利息成本以及燃料成本。当这些要素的价格上涨时，电力工业也就需要相应提高电价。

管制制度根本不能适应电力公司所处环境的变化。他们只知道防止电力公司以提高电价的手段从消费者身上获取过多利润，未能意识到自己对于产业的生存也负有责任。结果该产业在通货膨胀的影响下难以获得使自己健康发展所必需的回报，只能改变会计方式以使报表上的利润显得高一些。由于营业收入的下降使这些企业要借更多的钱来补偿。这个时期内尽管一定程度的调价最终会得到批准，但无论在时间上还是幅度上都远不能使整个产业得到健康发展。在通货膨胀时期，电力工业的投资价值大幅下降。

由于电力工业的例子非常清晰，经常被用来说明过多管制的危害。其实，国民经济的所有领域都直接或间接地受到不适当管制的羁绊。在跨入行业之前，我们应当对影响企业发展的各种政府管制特别注意。应避免从事那些仍处在初期管制阶段的行业，这些领域中的游戏规则还不完备，经常朝令夕改而且往往起着反作用。

以下是管制程度较高的几个行业，创业者在选择行业时加以注意：

（1）通信业（包括电视和广播）。

（2）制药业。

（3）化妆品制造业（包括人们内服或外用的任何产品）。

（4）食品制造业。

（5）证券业。

（6）保险业。

（7）含酒精饮料制造业。

4. 对不确定的供给要素的依赖程度

计划经济很容易成为短缺经济。而在市场经济中，短缺产品的价格会上升，从而使消费者的需求下降，而生产者的供给增加，并从此达到平衡。在计划经济中，消费者受到保护得以免受涨价之苦，但同时却打击了生产者增加生产的积极性，使得短缺状况不能得到缓解。当短缺最终引发供求危机之后，价格仍然免不了要上升。因此，这种所谓的对消费者的保护，只是一个神话而已。

假如一家企业过度依赖某种原材料，那么其前景便令人担忧。20世纪90年代以前，我国纺织企业主要依靠计划供应的棉花作为原材料。由于受自然因素和人为因素的影响，很多企业常常手握订单，却无原料生产，苦不堪言。当产品的某种原材料在产品总成本中所占的比重不大时，经营者可以通过保持这种材料的库存以使这种供给的不确定在一定程度上得到控制。某些商品可以通过在期货市场上套期保值来防范风险，签订长期合同也可使企业得到一定程度的保护。但是，由于长期合同只有在供应商有能力履约时才有效，因此，它对企业经营提供的保护是有限的。

综上所述，创业者要尽量避免选择进入那些可能会由于原料短缺而导致利润下降的领域。

相对来说，第三产业无须依赖于基本原材料，这是一个有利的因素。只不过，原材料并非是决定企业成败的唯一因素。

在经济繁荣时期，其他公司会以更好的条件以吸引最优秀的员工，那些过于依赖低成本劳动力的企业会发现自己面对的劳动力供给情况非常不妙，一家公司如果在销售或技术上过分依赖某个员工的话，那么，此员工的离去就会对公司构成一定威胁。

  针对上述情况，可以采取一些相应的措施。提高关键员工的待遇可以使公司免受因某个关键人物的突然离去而造成的损失。股票期权、利润分享以及其他优惠条件可以避免骨干员工流失。在对某一行业进行评估时，对于战略要素缺乏控制而产生的风险是一项负面的影响因素。

5. 行业的成长性

  这项因素对于那些关注投资安全的创业者具有非同寻常的重要性。对于一个经营领域来说，成长性是一个令人欢迎的特征。

  不景气的公司很难盈利。在企业扩张时，通常采用效率高的技术和设备，使得成本得到更好的控制。成长性对于留住高素质的员工也很重要。一般来说，一个行业要么成长，要么萧条，而很少有中间状态。

  当评估某一行业的成长性时，销售额的高低并非是一个充分的衡量尺度。销售额的增长可能是由于商品销售数量的增加，也可能是由于涨价，还可能是两者共同作用的结果。那些仅靠提价来实现销售额和利润增长的企业，当其提价幅度超过经济总体通货膨胀幅度时，它就可能由于价格过高而被逐出市场。

  曾几何时，由于我国造纸企业能够通过提价来保持盈利，因此成为投资者追逐的热点。但是，纸张价格的持续上涨严重损害了整个行业的竞争优势，市场上国产纸张的份额被进口纸张所占领，同时纸张本身也因出版物向电子化、网络化转移而不得不一再压缩产量。

  创业者在寻找成长性行业时，应当谨慎从事。处于成长阶段的产业能够为那些在该领域中的公司提供很好的发展前景，但企业成活率是微乎其微的。在改革开放后的一段时期里，彩电行业飞速的增长，使许多大企业纷纷跨入了这一领域。不到十年时间，只有屈指可数的几家站稳了脚跟，绝大多数逐鹿者都退出角逐。在其他领域中也重复着这一过程。

  因此，创业者应尽力避免进入这种处于早期成长阶段的产业。即使一家新公司能够快速成长，这种扩张也会带来诸如融资困难以及难以对企业保持有效控制等问题。

当一家公司的规模在整个产业中相对较小,同时拥有特别的竞争优势时,即便在低增长产业中也有迅速成长的可能。

6. 盈利能力

盈利能力是衡量企业成败的另一个标准。获得成功的企业都有一个共同的特征,就是它们都有平均水平以上的盈利能力,这一点保证了他们的高增长率。例如一家回报率为6%的公司在12年内能够实现翻番,但如果回报率提高到20%,在同一期间内,能够实现9倍的增长。

高利润率还具有防御功能。一家具有平均水平以上盈利能力的公司较容易筹措资金,这使得它在经济低潮时期的脆弱性得以降低。另外,盈利能力强的公司还有能力引进降低成本的设备。当整个行业面临严峻的经济形势时,资金能力强的公司能够从较弱的企业那里获得额外的市场份额,这将弥补可能产生的利润降低。

有人说利润是由于未能公平地支付劳动力价格而产生的。不过,大多数盈利能力好的公司向员工支付的工资同样是最高的。

创新是影响企业利润的另一个因素。如果一家企业引入了盈利能力更高的生产方式,在其他竞争者也效仿采用这种方式之前,该企业就可望获得高于平均水平的利润。利润是经济进步的必要因素。在通货膨胀时期,利润与风险和创新之间的关系有些模糊,因此在选择自己的事业时,人们应该选择那些因拥有优质的产品和服务而具有较高的盈利能力的行业。而实际上,太多的人被那些盈利性虽好但风险也高的领域所吸引。

(二)创业决策

1. 影响经营成败的基本因素

在选择自己的事业时,成败与否是由未来决定的。由于将来的情形很难预测,因此就需要了解过去的发展历史。成功的企业经营者熟知影响公司销售与利润的基本因素,其中一些因素会因循以往的趋势延续到未来。而另外一些因素则会发生变化,有些变化几乎无法预测。

例如,全国人口年龄结构的变化趋势可以清楚地描绘出来。也就是说，只要不发生下述这些情况，即全国大范围的自然灾难、育龄人口观念的变化、避孕方法的新进展或是有关堕胎和绝育的新立法的出现，则年龄结构的变化就很容易预测出来。人口结构变化是影响企业生存的重要因素之一，在很大程度上决定了企业的兴衰。

根据以往情况所进行的预测未能预见到影响因素的变化，使得整个行业陷入了困境的例子比比皆是。像彩电这样的耐用消费品一旦为大多数人拥有之后，其销售量的增长便会放缓。一家实现了市场份额10%~30%增长的公司，会发现30%~90%的增长更加困难。

2. 技术变革中的受益

不可否认，许多诱人的商机来自于技术变革。与人口结构、政治上的变动相比较，技术创新所创造的商机更为广阔。当技术创新发生时，似乎每个人都想一试身手。铺天盖地而来的广告宣传和产品展示使潜在的消费者异常兴奋，他们的兴趣鼓舞了生产者的积极性。有些企业会成为赢家，有些会被排挤出局，还有一些则从来也不曾开张。

对于一家新公司来说，最好不要参与追逐新事物的潮流。这些新潮事物可能超出了你的能力，不会给你带来最佳利益。它可能需要巨额投资，也许只不过是过眼烟云。这时候，时机的把握特别重要，如果你过于匆忙地投入，就有可能错过那些对于赢得市场有重要意义的改进，而行动过迟又会掉队。假如你对自己把握时机的能力和自己的实力没有信心的话，最好不要去赶这个热闹。

除了将技术创新成果转化为某种你所经营的产品以外，你还可以换个角度来考虑问题。你能否将这种新技术运用到企业的运营中使其更为实用？因为我们探讨的是致力于创办新企业，因此首先想到的必然是小企业。小公司通常大多是零售业和服务性企业，这些企业便是我们要运用技术创新来改进服务的对象。

我们以滚刷作为例子，这是一种在家庭地下室中就可以装配的产品，这种"自己动手"的经营模式在向零售商推销时能够同生产油漆及油漆工具的大企业竞争。这种新工具为油漆工匠带来了巨大的好处，借助使用这种新工具，他们能够更快地完成工作，从而在与使用传统刷笔的竞争时能够获胜。大多数油漆匠与其他手艺人一样，拘泥于传统，对于变革或者是无动于衷，或是不情愿地接受变化。因此，那些能够迅速接受变革的人，就可能利用这一点儿获利。当今最成功的漆活承包商是率先采用诸如无气喷枪之类的最新技术的人，与传统的空气喷枪相比，无气喷枪能够喷涂乳胶漆，同时还节约了佩戴面具所需要的时间。

打算自主创业的人，应该密切关注那些公布技术进展的产业新闻。要对每一种进展进行分析，判断从哪种经营行业中能够获益。对于创业者而言，最明显的机会并不一定是最好的机会，因为容易招来过多的竞争者，进一步的分析通常会揭示出不为一般人所注意的不明显的机会。

3. 竞争的规避

获取高额利润的公司有一个共同的特点，就是他们都拥有可以使自己免受竞争冲击的保护性措施。有时他们控制着主要原材料，或者拥有地域上的优势，而有时仅仅是由于他们是行业中规模最大的公司，具有成本上的优势。掌握着某种特殊技术也是在行业中称雄的重要因素之一。

小企业很少能具备上述优势，但仍然能够在竞争中表现得与众不同。对于小企业来说，在质量、可靠性以及建立与顾客和谐关系等方面有良好的声誉是非常重要的。由于规模的原因，小企业更容易了解顾客的需要，也能够更灵活地满足这些需要，这种优势在某些特定的行业中尤为明显。创业者们应当选择那些存在着某种免受竞争冲击的保护因素的领域发展。

4. 个人的兴趣

在选择自己所要从事的项目时，不管这一领域从客观上看多么具有吸引力，创业者都不能忽视自己的喜好。一个人不仅是为挣钱而工作，他还要追求工作的趣味和个人成就。每一项工作对于不同的人而言有着不同的吸引力。究竟哪种事业对自己最具有魅力，每个人自己必须做出选择。

创业者在创业时要仔细考虑影响创业成败的有利或不利条件。通常喜欢做的事情我们就容易把它做得最好，因此甚至可以说一个人在某项事业上能否获得成功，取决于创业者本人是否真正喜欢它。当然，这只是其中一方面因素，但不管怎么说，这个问题至少和其他问题同等重要。

5.该行业是否容易进入

在某一行业中成功或失败的概率在很大程度上取决于进入该领域的难易程度。进入某一行业越容易，竞争就会越激烈，失败的可能性也越大。

未来的创业者面临着一条狭窄的道路。一方面，某些行业虽富有吸引力但却难以进入，在这些领域里，竞争会稍缓和一些。还有许多行业非常容易进入，如果大家都能够毫不费力地进入这一领域，大家都将无利可图。即使这一行业曾经利润丰厚，当人满为患时，僧多粥少是不能保证未来的利润像过去一样诱人。

以下是一些形成进入障碍的因素：

（1）资金。

①用于购买（或租用）企业经营的场所和设备。

②用做运营资本。

③用做开业费。

（2）专有技术及诀窍。

①技术上的。

②营销上的。

③管理上的。

（3）法律事项。

①许可证。

②专卖证。

③排他性合同。

④版权。

（4）地理位置因素：战略位置。

（5）营销。

①品牌名称。

②有效沟通。

③已有的消费者基础。

④分销渠道。

（6）对关键原材料的控制。

（7）低成本生产设施。

如果不具备以上的一项或几项战略优势的话，企业将直面激烈的竞争和微薄的利润。其中的一些因素和资本，对小企业家来说难以构成保护，而另外一些因素则为小企业把握自己的命运提供了难得的机遇。例如，对专利、商标和版权的保护使其拥有者能够减少竞争。无论这些所有者是否参与了对该商品的生产，由于他或她所处的这种"收费站"的位置，也能从被保护对象的收入中获得分成。

表1-1将帮助创业者确定自己正在考虑的生意是否具有吸引力。

表1-1 选择创业行业评估表

1. 该行业是否为季节性的？

（1）是否依赖于临时工？

（2）销售是否集中于一年中某一段时间内？

（3）一年中的库存是否存在很大波动？

（4）在某一季度是否没有盈利？

2. 该行业是否对经济周期很敏感？

（1）销售数量在最近的经济衰退年份中是否出现下降？

（2）衰退期间销售额是否出现下降？

3. 该行业是否受到了过度的管制？

（1）列出对企业进行监督的各种管制机构：

（2）列出所需的各种许可证：

（3）列出必须缴纳的各种税费：

4. 战略性要素的供给和价格的确定性如何?

（1）公司是否依赖于那些现阶段从各种渠道都难以弄到的原材料?

（2）战略性材料的价格变动是否很大?

（3）那些难以储存的战略性原材料是否有可靠的供应?

（4）公司的经营是否过度依赖某些关键员工?

5. 扩张前景如何?

（1）所在的行业是否正在扩张?

（2）公司能否增加其市场份额?

（3）公司的产品和服务是否存在新的潜在市场?

（4）该市场上是否存在潜在的新产品或服务?

6. 该行业的盈利性如何?

（1）你所从事行业的回报率是否高于社会平均水平（平均回报率按12%计算）?

（2）公司的投资回报率是否高于行业平均水平?

（3）为保持一定利润，在必要时公司能否较容易地提价?

（4）该行业的盈利能力是否足以为企业的扩张提供资金支持?

7. 产业的变动方向是怎样的?

（1）人口变动的趋势是否将对该行业产生负面影响?

（2）公司的主导产品在主要市场上是否已趋于饱和?

（3）价格变动使产品的市场潜力增大还是缩小?

8. 将要对行业产生影响的技术变革是什么?

（1）正在发生的技术变革是否将降低产品成本?

（2）正在发生的技术变革能否使你的产品替代竞争产品?

（3）是否存在会导致你的产品过时的技术变革?

9. 企业能否置身于竞争之外？
（1）列出企业相对于竞争对手的优势：
（2）列出企业相对于竞争对手的劣势：

10. 该行业对你个人是否具有吸引力？
（1）列出你被吸引到这一行业中的非金钱的理由：
（2）列出该行业中你所不喜欢的各种因素：

11. 所选择的行业是否易于进入？列出将会削弱新公司进入该行业能力的各种因素：

以上列举了创业者选择创业行业时应评估的11种因素。当然，没有一个行业能够在这11个方面都得满分，否则大家就会做出相同的选择了。同一个行业对于不同的人也会得到不同的评价，因为这些因素对不同的人重要程度不同。例如，一个雄心勃勃的年轻人可能会偏爱一个竞争激烈的产业，因为这样的产业有很强的增长潜力以及很高的利润。而一个行将退休的人则更容易选择那些竞争不太激烈的行业。

6. 决策之前的准备

创业决策是指创业者对未来创业实践的方向、目标、原则和方法所作出的慎重选择和决定。正确的创业决策是在创业实践中得到验证的，它能指导实践，少走弯路，促进创业进程。创业决策一旦付诸实践，创业决策的正确与否以及正确的程度直接影响创业成果的取得。因此，在创业决策之前，应作如下方面的准备：

（1）拟定决策目标。当意向性的创业目标选定之后，就要进入决策阶段，在决策过程中的首位任务是拟定决策目标。创业目标与决策目标内容是大致相同的，但要求又有区别。创业目标在意向性阶段有许多方面的问题还不那么确定，不那么明晰。但是，当进入决策阶段，凡不确定的和不清晰的方面要通过思考和分析使之变为确定和清晰，凡不够详细的方面应使之详细。就决策过程而言，决策目标是创业决策的前提。创业决策目标，包括创业决策对象和创业决策目的两部分：

①创业决策对象，就是指创业决策者准备解决的问题。比如，有的人试图通过养猪解决提高经济效益问题；有的人试图通过科学种田解决致富问题等等。总之，在创业目标的决策阶段，创业决策的目标一定要明确，不能模糊不清。倘若决策目标模糊不清，那么，决策就是一种十分典型的无的放矢的行为。

②决策目标是指创业决策者预期要达到的目的。决策目标有时内容单一，结构比较简单，适应的范围较小，比较容易实现；有时涉及的内容比较多，比较复杂。在后面这种情况下，创业者必须把全部要解决的问题看成是一个大系统，把各个方面、不同时期要达到的目标看作是大系统中的小系统，不断进行分解，逐步实现单项目标，争取最后达到预期的大目标。决策目标一般具有以下特点：

a. 可以计量其成果；

b. 可以规定其达到的时间、空间和规模；

c. 可以确定其责任。

这些特点在制定决策目标时都要充分加以注意。

（2）决策时机的选择与确定。什么时间进行决策，主要是看创业条件的具备情况。条件不成熟时就匆忙做决定是冒险的行为，容易造成不好的后果；条件成熟了却拖延不决断，会贻误战机，有时优势还会转化为劣势。

因此，确定决策时间的过程，也就是把握时机的过程。当断即断，不当断则不能乱断，是创业成功之本。同时，决策前的准备工作还包括检查供决策合作的第一手材料的占有情况。第一手材料是指创业者自己直接掌握的信息、经验和对创业活动的分析结果等。第一手材料是决策的基础，谁拥有第一手材料，谁就拥有了发言权。

总之，决策前需要做的准备工作还很多，要尽量使这些工作做得充分，以此来保证决策能有一个好的结果。

7. 决策方案选取的标准

既然决策是一个"慎重选择和决定"的过程，那么，决策时就不能仅有一种实施创业目标的方案，应当有几个或多个决策方案，在几个有价值的决策方案中，进行比较和优选。如果没有多个有价值的决策方案进行比较和优选，就谈不上决策，也不可能实现决策的最优化。

为了使创业决策达到最优化目的，我们还有必要弄清楚决策者与决策方案之间的关系。在创业决策的过程中，决策者与决策方案有着密切的联系。决策方案是决策的前提和基础，决策是依据决策方案而进行的有计划有目的的选择活动。没有方案就无从决策。决策和决策方案相互间的区别是，决策表示的是决策者的活动，决策方案则是一种意念上的系统打算。决策是主观见之于客观的行动，而决策方案则是主观和客观结合的产物。为了使创业决策具有最理想的结果，创业决策者要对拟定好的各种方案进行全面的分析比较，权衡各种方案的利弊，选取其中一种方案或将各种方案综合成一种方案，也可以排列出第一方案、第二方案、第三方案等。

在决策过程中，对决策方案进行选择或取舍是根据其价值大小决定的。具体说，对决策方案进行价值判断可依据下列标准：

（1）经济效益标准。创业的过程首先是一个创造物质财富的过程。在对决策方案进行选择时，应该用经济效益标准进行衡量。凡经济效益显著或较为显著的决策方案，应纳入选择和采纳的范围；反之，可以筛选掉。

（2）社会效益标准。社会的健康发展是每一位创业者共同努力的结果。因此，我们一定要坚持用社会效益这把"尺子"，对所有决策方案进行衡量，凡对社会发展有直接或间接积极影响的，就应纳入选择和采纳的范围；反之，则应该坚决筛选掉。

（3）优化标准。优中取优，或集多个决策方案之优点，是决策活动最为显著的特征。这主要是由任何问题都存在多种可能的解决办法所决定的。因此，我们应该在多种可能的解决办法中找出最适合自己的一种或寻找最有利于自身创业的因素，唯有如此，才能获得创业的成功。

8. 最终决定应该果断

现实生活中，在创业决策的最终"拍板"环节上常常会出现一下两种情况。

一种情况是有些年轻的创业者因社会阅历浅，分析问题的方法较为简单，再加之容易感情用事，所以，在对创业目标做决定时往往显得十分轻率，由此遭受的损失也较为惨重。

另一种情况是有些年轻人在创业决策的"拍板"时，"怕"字当头，担心吃亏或失败，甚至不知所措，不敢"拍板"，导致错失一个又一个创业良机。

由此看出，在创业决策上能否有勇气"拍板"，确实是一个十分重要的问题，应该认真对待。一方面在创业决策上不能草率从事，另一方面也不能左顾右盼该断不断。无数事实告诉我们，在创业过程中绝对有把握、不承担风险的事极少，往往是成功因素与失败因素交织在一起。真正聪明的人，通过全面分析，只要认为是利大于弊，成功的可能性大于失败的可能性，就应该果断"拍板"，争取在最短的时间内将创业设想变为行动。

二、筹措创业资金的渠道

创业一定要有适度的资金，如果没有资金，创业将只能是无源之水、无本之木。但创业之前以及创业时的资金筹集，往往是特别艰辛与困难。原因除了创业者个人经验不足外，在建或将建的企业尚没有任何经营成果来证明它的可行性与前景，也是一个重要的原因。

（一）资金是创业的基本前提

相对来说，拥有的资金越多，创业者可选择的余地就越大，成功的机会也就越多。因此，创业者要有必要的准备资金。

创业资金的来源可以通过各种渠道筹集，如自有资金，融资，贷款以及与别人合伙等。启动资金越充分越好。这是因为经营启动后可能会遇到资金周转困难的情况。特别是刚开始创业，这种可能性更大，而边经营边筹划资金的能力，又远不如已经有一定根基的老板。如果准备资金不到位，甚至可能因一笔微不足道的资金，弄垮一个刚刚起步的事业。因此，创业者要充分考虑开业资金的筹措，适时、适量、适度地储备和使用，做好资金使用的统筹安排，力求把风险降到最低程度。

　　自己动产或不动产变现是资金的主要也是最可靠的来源。人们把钱存入银行，变成存款，取得利息，这也可以说是一种投资的方法，而在创业者眼里，钱只有变成资本才能迅速增值。资本只有在运动中才能增值，投放到生产、流通领域的资金才能盈利。资本能变换价值形态，吸收人才、技术、信息、原料、设备。如果经过仔细选择寻找到合适的项目，对技术、市场等均有信心，就果断将手头的钱投资到你充分论证、选择的项目中去。但有一点应该提醒创业者注意，要留一些备用金，以防不测，鸡蛋不能放在一个篮子里面。

　　自己的资金不够时，可以通过融资实现。但创业者要说服别人，必须要有一套详细的实施计划和可行性论证。要承诺并实现风险共担，利益共享，认真谨慎使用别人的钱，保证按约定兑现给别人的投资回报。这样，创业者才有信用，才会源源不断地得到借款。

　　创业者一定要做好资金计划。如果能够获得银行贷款，一定要尽力争取。对于创业期的资金计划，应当筹措的比预算的多一些，以防止出现各种意外情况。

（二）商业信用筹资

　　商业信用筹资是已开办企业的创业者常用的一种筹资手段。

　　创业者的人格是金字招牌。关键时刻，创业者可以利用个人信誉，并以企业实力为后盾进行商业筹资。在市场经济日趋完善的今天，利用商业信用筹资已逐渐成为小公司筹集短期资金的重要方式。

1. 赊购商品，延期付款

　　在此种形式下，买卖双方发生商品交易，买方收到商品后不立即支付现金，可延期到一定时期以后付款。

2. 推迟应计负债支付

应计负债支付是指私营企业应付未付的负债，如税收、工资和利息的推迟支付。私营公司已经同意这些费用，但是尚未支付。在私营公司未支付这些费用之前，应计负债成为小私营公司的另一种短期筹资来源。

3. 汇票

小私营公司利用汇票，可以不立即支付银行存款，实际上是一种延期付款，也可以筹集一笔短期资金。

4. 预收货款

它等于客户先向私营公司投入一笔资金。通常，有些客户对紧俏商品乐于采用这种方式，以便取得期货。对于生产周期长、定价高的商品，也可以向订货者分次预收货款，以缓解资金占用过多的矛盾。事实上，这部分预收货款就成为短期筹资的来源。

如有条件，资金不足，还可以从银行贷款。通常贷款要三个方面的条件：一是有不动产做抵押；二是项目要有吸引力；三是与银行要保持良好的关系。如果你有不动产如房子、汽车等做抵押，贷款就会容易得多，不过即使没有动产做抵押，也不是绝对贷不到款，项目的投资前景和效益是影响贷款决策的首要因素。银行要对贷款项目进行技术、经济等方面的可行性论证。为此，你必须谨慎选择项目，大量收集信息，考虑各种可能性，选择最优或最满意的投资方案，增加银行贷款的信心。越了解、越熟悉的人之间，信任度越高，也就更容易说服。要保持与银行界人士的良好关系，这对经营者来说至关重要。初次向银行贷款，数额不宜过大，否则，很难成功。从小笔贷款入手，每次到期按时还贷，逐渐取得银行的信任。才能获得较大数额的贷款。

贷款本身不是目的，重要的是项目投资收益，能保证按时还本付息。贷款不能延期更不能欠息，否则，就会失去信用。商业信用是企业的生命。

（三）外部筹资渠道

当创业者依靠内部资源不足以缓解资金需求矛盾时，需要适时地寻求筹资帮助，寻找合作伙伴。

小企业可以广泛吸纳民间资本。这主要包括利用私营企业内部各种关系，以类似入"会"的形式吸引社会上闲散资金。这一般是短期借贷行为，老板或员工与借贷人要有良好的感情基础，并且订立借贷协议，给贷款者固定的还款日期和丰厚的投资回报。

小企业还可以与具有稳定的业务关系的公司联营，也可以利用创业者私人关系与其他机构如信用社、商社等单位合伙，以筹集资本干大事。联营、合伙私营公司的投资，可以用现金、银行存款，也可以用厂房、设备进行实物投资。私营企业以合作方式筹资，关键是要与合作者订合作协议，对双方的责权利予以明确规定。合作方要承担以某种方式向小私营企业提供资金或某种帮助的义务，同时也有分享私营企业利润的权利。

补偿贸易对于资金缺乏的小企业而言是最好不过的。小企业通过抓生产，而不管购买原料和销售，做到两头在外，生产在内，有利于提高生产率。同时，由于在没有任何资金的情况下，扩大了生产规模，实际上也达到了集资的效果。

另外，寻找事业合伙人也是一个十分可行的筹资方法。创业者在寻找事业合伙人时，需注意以下几点。

1. 与志同道合者合作

合伙人在一起合作最直接的认同就是"志"相同。"志"指的是目标和动机，从广义上讲包括了创业者建立企业的动机、目标及创业者确定的企业目标、规划等诸多复杂的内容，可以是赚钱、扬名、实现理想……其次的认同就是"道"相合。"道"就是实现"志"的方法、手段，即企业的经营理念和经营策略。著名企业家艾科卡选人的首要标准就是志同道合，要求部下必须熟知他的领导作风，对他的管理办法能贯彻执行。选择合作人时，志同道合同样重要。

不同的创业者建立企业的目标和动机可能不同，而不同的目标与动机会导致不同的经营战略和方法。一个企业到底该怎么办，关键要看你的目的。如果你的合作伙伴只想尽快收回成本并得到最大利润回报，而你的目的却是要做成一个长信性的公司，做成百年老字号或金招牌，那么，各自的经营策略也会是有所不同的。

应该说，在企业的初创时期，目标还是一个暗藏的、朦胧的意识，因为你的相对实力不强，对瞬息万变的市场和企业没有把握，一切都是在日后的运转中逐步明朗的。但是，你应该有一个明确目标。

2. 优势互补

《山海经》里的一则故事说，长臂国的长臂人和长腿国的长腿人，各有自己的长处，同时也各有自己的短处。下海捉鱼，一个涉不深，另一个却够不着。可是当长臂人骑在长腿人的肩上时就能涉得深又能够得着了。这就是优势互补的效果。同样，合伙人有缺点，你也有缺点；合伙人有优点，你也有优点，如果能进行互补的话，合作的整体力量必会得到极大的加强。

合作就像一台机器，机器需要不同零部件的配合。一个优秀的合作结构，不仅能够为合作人的能力发挥创造良好的条件，还会产生彼此都没有的一种新的力量，使单个人的能力得到放大、强化和延伸。最成功的合作事业是由才能和背景不相同的人合作创造出来的。如果你来自乡村，而他来自城市，你受的是良好的教育，而他是靠刻苦自修，你的性格比较内向、谦和，他的性格比较外向、奔放，你们必能互相激励。

3. 确定利益的分配比例

找到合适的伙伴很不容易，而这只不过是问题的一部分而已。找到合伙人后，还有如何分配权力的问题。

大多数的合伙人都采取对半的分配法。这是一个比较糟糕的方法。因为总得有人拥有做决策的权力才行。一旦公司开始盈利，冲突必定随之产生，两位合伙人意见一旦相左，尤其是在涉及金钱时，双方争执有可能达到白热化。解决这种困扰的方法就是让两位合伙人各自拥有49%的权力（例如股票），再将剩下2%的权力分给第三者，让他在必要时参与其事，或做中间仲裁人。

另一个解决方法就是在一开始就先设立拥有最高决策权的董事会，有关的局外人往往能在问题发生前就发现它而将之解决。

当然，在合伙创业前，最重要的是要确定自己这个项目是不是消费者有兴趣，或愿支持的。否则，纵使有最好的合伙人，也难在合伙中取得成功。

4. 明确合作原则

在商业合作过程中，再好的朋友也要涉及利益的分享，因此，及早确认合作的原则是十分必要的。在与他人合作经营之前，确定和了解下列原则是顺利合作的前提：

（1）应充分了解合伙者是否具有必备的条件，如能否达成经营共识，能否同甘共苦，是否能吃苦和意志坚定。

（2）为了避免合伙经营过程中出现管理混乱和利润分成上的纠纷，在签订"合伙协议书"时应明确规定以下几个方面的条款：

①确认每个合伙人的管理权限和范围。

②确认合伙的期限。不允许某个合伙人提前脱离公司，如果出现这种情况，该如何处理，也应明确规定。

③确认每个合伙者的投资额，所占股份的比例。

④确认怎样分配利润。

⑤确认吸引新的合伙者的办法。

⑥确认每个合伙者的责任及对不负责任造成的后果该如何处理。

（四）筹资的利与弊

中国的传统观念是不借外债。随着社会的进步，这种传统思想有了修正。创业者借钱用作充实自己的资本，实现"以钱赚钱"的致富。

任何事情都有正反两方面，同样，借钱有利必有弊。借钱后无论你运用得是否成功，都必须要按时归还本利。在借钱时必须充分考虑投资风险，别存投机心理，这样很容易导致失败。然而，许多经营者总希望能够筹集到更多的资金，盲目相信融资越多越好。实际这是一种不正确的想法。

生产一种产品，材料费、宣传费、员工工资总和是一笔不小的数目，如果一味抬高价格，往往销售不出去，所以薄利多销的产品居多。

然而，假若某项生意能赚到比利息更高的利润时，你不能因为惧怕高息贷款而放弃赚钱的机会。对于经营者而言，在融资时应当遵循"需要多少便融多少"的原则，只要能够满足自己的投资需求就可以了。贪心太重是不利的。

另外，筹集的资金是不能随便乱用，更不能挥霍和浪费，在使用时要慎之又慎。

三、把握时机，切入市场

创业者必须要有敏锐的商业触觉，善于把握稍纵即逝的机会，并以此作为创业的切入点。

（一）分析市场机会

所谓市场机会，就是市场中的未满足需要。哪里有未被满足的需要，哪里就有盈利的机会。市场机会又可分为"环境机会"和"企业机会"。市场上一切未满足的需要都是环境机会，但不是任何环境机会都能成为某一企业的营销机会。因为对某一企业来说，不是任何环境机会都适合企业去开拓，这还要看它是否符合企业的目标和资源条件。

所以，创业者不但要善于发掘市场机会，还要善于分析、评估市场机会，看它是否符合本企业的经营目标，是否有利可图。企业的市场营销管理者必须不间断地进行市场营销调研，了解市场上需要些什么，需要多少，谁需要；预测需求的发展趋势；调查研究哪些因素影响市场需求和企业的营销活动，是有利影响还是不利影响等等。这就是说不仅要发掘市场机会，还得注意环境威胁，即不利因素对企业营销的挑战。机会和挑战往往是并存的，如果不能及时发现，就会带来灾难。可利用的机遇没有及时利用，会造成机会损失；而市场上的各种挑战如不及时发现并及时采取应急措施，就可能造成更大损失。因此，创业者对可能的各种机会和风险要灵敏地做出反应。

（二）捕捉市场商机

1. 关注市场供求差异

在市场经济条件下，宏观供求总是有一定偏差的，这些偏差就是企业的商机。

（1）市场需求总量与供应总量差距是企业可以捕捉的商机。假如城市家庭中洗衣机的市场需求总量为100%，而市场供应量只有70%，那么，对企业来说就有30%的市场机会可供选择和开拓。

（2）市场供应产品结构和市场需求结构的差异是企业可以捕捉的商机。产品的结构包括品种、规格、款式、花色等，有时市场需求总量平衡，但结构不平衡，仍然有需求空隙，企业如果能分析供需结构差异，便可捕捉到商机。

（3）消费者的不同层次需求差异是企业可以捕捉的商机。消费者的需求层次是不同的，不同层次消费者的总需求中总有尚未满足的部分。一部分消费者收入极高而社会上却没有可供其消费的高档商品或服务；有的则由于消费水平过低而社会却放弃了他们需求的低档商品，而这些就给了企业可以开拓的市场机会。

2. 研究市场的地区性差异

不同的地区需要不同的产品和市场，地理因素的限制会带来不同地区之间的市场差异。比如外地有些好的产品和服务项目，本地还未见上市或开展业务。本地一些好的产品和服务项目在外地还没有推广，这就是商机。前几年，兰州的牛肉面、新疆的烤羊肉这些地方特色小吃走出了大西北，如今已遍布全国，产生了良好的效益。又比如，在城市里过时的商品在农村也许刚刚开始消费；在发达地区过时的商品，也许边远地区仍然畅销；农村里的土特产品，也许在城市有广阔的市场。由此可知，市场的地区性差异是永远存在的，关键在于你能不能发现，发现差异并努力致力于缩小这些差异，就是在满足市场需求，就是挣钱之道。

3. 重视市场的"边边角角"

边边角角往往被人忽视，而这也正是企业可以大加利用的空隙。小型企业，要充分发挥灵活多样、更新更快的特点，瞄准边角，科学地运用边角，另辟蹊径，做到人无我有，人有我新，通过合法的经营，增强自己的竞争实力，最终实现占领目标市场的目的。日本东京有家面积仅为43平方米的不动产公司。一次，有人向这个公司推销一块面积为百万平方米的山间土地，这块土地其他不动产者谁也不感兴趣，因为它人迹罕至，无任何公共设施，不动产价值被认为等于零。然而，这家公司老板渡边却认为，城市现在已是人满为患了，回归大自然就是不可逆转的潮流。因此，他毫不犹豫地拿出全部资产，又大量借债将地买了下来，并将其细分为农园用地和别墅用地；而后大做广告，其广告醒目、动人，充分抓住青山绿水、白云果树特色，适应了都市人向往大自然的心理，结果不到一年，土地就卖出了4/5，净赚了50亿日元。渡边的成功正是因为他抓住了别人不屑做的"边角"生意。这也正如他所说的："别人认为千万做不得的生意，或是不屑做的生意，这种生意往往隐藏着极大的机会。因为没有人跟你竞争，所以做起来就稳如泰山，钞票会滚滚而来，重要的是要捕捉住机会。"

记住选择缝隙市场的一大优势是可以减少竞争。一旦找到一个壁垒分明的市场位置，就可以将自己定位在市场上，并且巩固自己的地位。这是判断你的战略是否成功的另一方式。

在每个缝隙市场的背后都隐藏着你的才能和特殊爱好。专业人士们选择自己热衷的行业提供专门化服务绝非偶然。比如，有一位专门承接体育界业务的律师，他本人就是一个不折不扣的体育迷。他选择的缝隙市场便成为了他的第二爱好。

（三）寻找市场缝隙

1. 善找市场潮流引导者的缝隙

对许多初创中小企业的创业者来说，能否与大公司进行竞争，或怎样与大公司进行竞争，是经常会遇到的一个问题。但一定要对此找出合理答案，并且在做出决策之后才能开张营业，否则难逃失败。有些人认为凡与大公司进行竞争，结果只能是鸡蛋碰石头，自取灭亡，但大量事例表明结果并不一定如此。

大家知道IBM现在是实力相当雄厚的经营电子计算机的企业。美国无线电公司和通用电器公司曾试图与之进行直接竞争，但没有经过几个回合的较量便偃旗息鼓,损失惨重。可是,仍然有一些向来就经营电子计算机的企业(如信息管理公司等)却没有因此而破产倒闭。他们之所以能在竞争中站稳脚跟,主要原因是这些公司的老板能够清醒地采取市场细分法,对于各种不同类型顾客的特征详细分析,从中发现IBM公司显而易见的某些特点,以及某些当今该公司并不那么热心经营的项目,因而在确定经营范围的时候,也就可以找出IBM的空当进行竞争。专营苹果牌微型电脑设备的厂家和商家们正在采用这一办法,成功地找到了促使业务持续发展的机会与途径。事实上任何一家企业,即使是超级大型企业,也做不到处处无懈可击,因此与大公司进行竞争并非绝对不可能之事。

倘若发现市场上正萌发着某种从未引起人们注意的需要,而且只要能满足这一需要就以可成功地占领市场的话,那就无须为竞争而感到惶恐和不安,只要竭尽全力并且想方设法把这项业务做好就行了。至少大公司已经为你开辟了产品的销售市场,同时,还通过一系列的宣传广告和促销活动为你开发了市场上对产品的各种需求。苹果牌微型电脑设备的厂家和商家们之所以获得那样巨大的成功,正是利用IBM那样庞大的企业打开了产品的销售市场,比如通过各种宣传广告和促销活动最大限度地开发了市场上对电脑设备的需求,并赢得了广大用户的普遍接受,为其他微型电脑设备随后进入市场消除了大量阻力,迅速地打开销路等等。

有时候,一些小企业经营者可以在大公司漏掉的生意中获取丰厚的盈利。作为顾客未必都能忍受大公司售货小姐那种缺乏人情味的方式,或者为求方便、避免浪费太多时间,于是就惠顾殷勤待客的小店铺。类似情况到处可见。例如,在经营电脑设备或大型机构设备的行业中,某家公司即使是小规模的企业,倘若能做到按时交货,及时满足顾客的需要,同样可以从那些强大的竞争对手那里获得相当的贸易份额。类似这样的情况,在评估市场潜力,分析竞争形势的时候,是需要充分考虑的。

2. 进行市场细分

市场可以细分为多个小市场,企业通过对市场的细分,可以从中发现未被满足的市场,从而也就找到了企业的生存空间。麦当劳快餐公司被人称之为

"最能够着眼未来的速食企业",也常被称其为各种"麦当劳创举"。麦当劳的成功就在于它能够不断从细分市场中发现商机。例如,在美国,麦当劳最早针对单身贵族和双薪家庭这一细分市场,为愈来愈多的单身贵族和双薪家庭提供早餐;在中国,麦当劳针对儿童这一细分市场,充分抓住中国独生子女娇贵的特点,搞起了所谓"麦当劳儿童生日晚会"等促销活动,并取得了成功。

在市场中,不同的消费者有不同的欲望和需求,因而不同的消费者有不同的购买习惯和行为。正因为如此,你可以把整个市场细分为若干个不同的子市场,每一个子市场都有一个有相似需求的消费者群。然后,公司针对不同类型的消费者,制定了切实可行的销售策略,取得了经营的成功。

3. 研究竞争对手的弱点

研究竞争对手,从中找出其产品的弱点及营销的薄弱环节,也是企业开拓市场的有效方法之一。美国的罗伯梅塑胶用品公司自1980年高特任总裁起,其业绩增长了5倍,净利增长了6倍。罗伯梅公司成功的秘诀之一就在于采取了积极参与市场竞争,"取竞争者之长,补竞争者之短"的方式,在竞争对手塔普公司开发出储存食物的塑胶容器后,罗伯梅公司对其进行了认真的分析研究,认为塔普公司的产品质量虽然高,却都是碗状,放在冰箱里会浪费许多小空间。于是对其加以改进,开发出了性能更好、价格更低、又能节省存放空间的塑胶容器。就这样,在塔普公司及其他公司还未看清产品问题的时候,罗伯梅公司却已将之转化为极重要的竞争优势了。

4. 寻找边缘市场机会

每个企业都有它特定的经营范围。比如木材加工公司所面对的就是家具及其他木制品经营区域,广告策划公司所面对的是广告经营区域。对于出现在本企业经营区域内的市场机会,我们称之为行业市场机会,对于在不同企业之间的交叉与结合部分出现的市场机会称之为边缘市场机会。

一般来说,企业对行业市场机会比较重视,因为它能充分利用自身的优势和经验,发现、寻找和识别都比较容易,但是它会遭到同行业的激烈竞争而失去或降低成功的机会。

由于各行业都比较重视行业的主要领域,因而在行业与行业之间有时会出现缝隙和真空地带，无人问津。它比较隐蔽，难以发现，需要有丰富的想象力和大胆的开拓精神才能发现和开拓。

例如，美国由于航天技术的发展出现了许多边缘机会，有人把传统的殡葬业同新兴的航天工业结合起来，产生了"太空殡葬业"，业务非常火爆。再如"中国铁画"就是把冶金和绘画结合起来产生的，"药膳食品"是把医疗同食品结合起来产生的。

（四）快速占领市场

"时间就是金钱"这是现代竞争经验的总结。

时间之所以等于金钱，是因为时间可以直接影响资金的价值。在现代经济生活中，同样数量的货币，随着时间的变迁，其价值要发生变化。而且，时间也影响资金的占用和周转速度。企业的生产资金处在不断的运动之中，这种运动能带来价值的增值。这种周而复始的运动，就是资金的周转。资金周转一次的时间越短，在一定时间内周转次数就越多，占用的资金总量就越少，等量资金带来的增值就越多，经济效益就越好。

时间影响机遇的捕捉。对于一个企业来说，机遇常常是腾飞的转折点，是成功的开启钥匙，只有抓住机遇，企业的经营战略才能奏效。而机遇常常是昙花一现，稍纵即逝，永不复回的。如果不能迅速地看准和抓住市场闪现的这些机遇，就会被他人捷足先登，自己则悔恨不及。

（五）出奇才能制胜

现代经营者必须要高瞻远瞩，不断创造新的经营方式。

在一切都会变化的当今社会，如果始终保持原有模式，就会落后。

也就是说，如果你每天都很认真地工作，那么对于自己的经营业绩，自然有一定的期望或理想。

但在变化激烈的当今社会，预料的事未必都能变成现实。因此，除了具备先见之明外，还应有自己的抱负，并设法实现。

具有先见之明尤为重要。先见之明指的是，具有丰富的想象力，能够预测社会大众将需要什么产品。例如，有经验的老人能够判断来年的风雨，其预测结果往往令科学仪器都为之汗颜，他们可以准确地预料该年是多雨或是多旱。聪明的经营者据此，制造出适合大众的产品，如多雨，则雨具必然畅销；多旱，则水桶必然家家都预备，以免无容器盛水。

这是最简单的联想。如果你是位大企业的老板，将之用于企业经营上，同样会产生相同的效果。一个地区的人口增加，地产市场就会升温，建筑材料需求增多，建筑所需的劳工随之也增多。如果你有一套宏伟的计划，必然产生你自己的一套新的经营方式，以站在时代的前沿。

当然，你仍需随时以率直的态度，虚心地观察事物，一步一步踏实地去做。在今天这种激烈竞争时代，不可缺乏创新时的积极态度。

商海中的弄潮儿则永远以创造的姿态搏击风浪。他们是一群思想超前者，他们有无穷无尽的创造性和想象力。原因是他们善于进行扩散思考。所谓扩散思考，就如同洒水一样，它是对一个课题做多方面的联想。在提出足够的办法之后，再加以集中考虑，宛如经凸透镜上的光聚集于焦点，或组合成许多主意，或加以筛选，然后找出现有条件下最可行的方案。思想活跃的人，首先做扩散思考，而后再做集中思考，往往就能想出比他人更好、更可行的方案来。与扩散思考相联系的是想象力。丰富的想象力是思考活跃者的财富、创新的源泉。在想象力中，最主要的又是空想与联想。

意大利的天才艺术家、科学家达·芬奇，曾遐想过人类也能像小鸟一样翱翔在天空，这种遐想在当时被认为是空想，因为当时没有任何人认为是可行的，也没有任何人敢于这样遐想。然而达·芬奇却就此事进行了各种空想，并画了草图，其中之一成了现今的日本航空公司社标。达·芬奇的一些空想具体化变成了直升机进而发展为喷气飞机、火箭。

创新对企业经营的意义如同新鲜的空气对生命的意义。经营者应该不断地在管理上创新、产品上创新、技术上创新、企业形象上创新，以确保企业经久不衰。

四、启动资金如何获取

找到创业启动资金不是一件容易的事,从来都是如此,我们需要面对这个事实,以后也绝对不会容易。

下面这篇自述性文章,来自一位国外的创业者,他在回顾自己船业经历后,给正在创业者所提供的忠告。

我明白这些,是因为我在债权和股权交易领域有过30多年的经验。作为银行家,我处在资金和需求资金的公司之间;之后,作为咨询顾问,我帮助创业者从天使投资人、风险投资人、政府贷款、捐赠项目等渠道募集了数百万美元的资金;然后,作为创业者,我白手起家,从起步到产生现金流,还求爷爷告奶奶借了一些钱。

在这个过程中,我赌上自己的汗水和时间、抵押了房子,甚至让我老婆担保借了大笔的债,我时时为员工工资担忧,也挺过了三次经济衰退。我之所以说出所有这一切,是想表明我不指望教科书上说的什么资本结构和天上掉馅饼的故事,我在意的是实用、现实的融资策略,以满足公司日常运营。

因此,我认为看看美国每年新创立的数百万家企业是如何获得创业资金的,这会很有用。当然,在美国政府收集的大量关于中小企业的数据中,能找到这方面的资料。全美独立工商业者联合会(NFIB)的首席经济学家敦克尔伯格说:"中小企业是驱动国家经济的发动机,但是政府根本不去了解它们是从哪里获得蒸汽的。"

美国上一次官方对创业企业融资的研究是在2002年完成的——在YouTube问世之前的3年。统计署最新的中小企业调查结果现在随时可以获取,但不幸的是,"新"数据是在2007年收集的——在经济危机、信贷危机之前,当然也在iPhon面世之前,所以这些数据还没公布就已经过期了。

美国政府部门关于创业企业的数据,除了时间问题之外,还有两个根本的问题:

第一个问题,是对"创业企业"定义的问题。兼职和业余爱好做的公司是否应该计算在内？独资企业、合伙企业和公司制企业是否应该纳入统一的统计口径？因定义的不同，美国每年新创立企业的数量估计在60万～600万之间。

第二个问题，是如何定义"小企业"。根据美国官方的说法，少于500名员工的就属于小企业，这几乎囊括了2/3的美国公司。Doggie Daycare公司真的可以基于那些统计数据制定自己的融资策略吗？这些数据的计算包括了那些比它规模大100多倍的公司。

幸运的是，有些民间研究人员正致力于填补这个空白。2005年，密歇根大学开展了一个项目，由雷诺兹和科尔廷负责，他们挑选出了1200家初创企业，并每年跟踪其进展直至2011年。下面是他们的发现：

（1）超过80%新创公司的资金来源是创业者自己的积蓄、个人贷款和信用卡。简单来说，创始人自筹资金的方式大大超过其他资金来源。

（2）大约17%的创业者从那些认识他们、喜欢他们、爱他们的人那里获得了资金支持。

（3）创业企业的启动资金平均值为4.8万美元（而中间值不到4300美元）。

因此，尽管街头调查可能会认为美国中小企业署（SBA）、风险投资、天使投资人等是创业企业最通常的融资渠道，但实际并非如此，这些渠道资助的初创企业不足总量的5%，这就意味着事实上，除了自己，你没有更可靠的创业资金来源了。

小贴士：

密歇根大学的创业状况研究小组从2005年起跟踪了1200家创业企业，已经获得了一些有趣的信息：

（1）美国每年有1200万人打算创立700万家企业，这意味着每年孕育中的企业数量比婴儿数量更大。

（2）创业两年之后，创业资金的多少与是否成功没有相关性。

（3）打算辞职创业的人需要注意，超过6年之后，才有不足2/5的企业开始盈利。

五、关于融资的学问

（一）错误的融资方式

1. 弄虚作假

有些创业者，为了及时的获得自己所需的资金，往往不择手段。弄虚作假，是他们常用的手段之一。

陈老板想开展一项新业务，可是手中缺少资金，因此，他打算向银行申请贷款。本来，这是一件很正当的事情，直截了当地向银行提出自己的申请就行了。可是，由于求"资"心切，陈老板担心银行不会迅速借款给他。于是，他谎报自己公司的经营状况，进行渲染和扩大，力图表明自己是可靠的。对于陈老板的这一伎俩，银行很快就识破了。他们从别的途径得知，陈老板的经营状况并没有他所说的那样好。

实际上，陈老板所经营的公司，经营状况一般。假如实话实说，银行可能会考虑给他贷款的。但是，他的欺骗行为被银行识破后，其贷款申请被严词拒绝，其投资计划化为泡影。而且今后他再也别想从这家银行贷款了。

这件事说明，弄虚作假的后果是很严重的。

事实上，银行的信息网很多，他们若想打听申请贷款者的情况，可以从许多途径得到。

不仅在贷款时创业者不可弄虚作假，采用别的融资方式，也绝对不能弄虚作假。

其实，弄虚作假的人只是在耍小聪明，很容易被别人识破。而一旦识破之后，不仅借不到所需的资金，也影响了自己的声誉，对于以后的融资也极为不利。

2. 贪得无厌

"老虎吃天，无法下口"，所谓"老虎吃天"，意思是指贪心太重，想一口气吞下过多的食物。

老虎纵然厉害，但想要吞下天空，还是办不到的。

这是一种不自量力的愚蠢行为。

然而，很多经营者容易犯这种毛病。他们总想能够筹集到更多的资金，盲目相信融资越多越好。

实际上，这是一种十分错误的想法。

对于经营者而言，在融资时应当遵循"需要多少便融多少"的原则，只要能够满足自己投资需求就可以了。

（二）财务信息不完备

中小企业经营状况的好坏，盈利能力的高低，承受债务能力的大小，以及对企业本身的评价，只能用财务信息才能连续、系统、全面、综合反映。财务信息相对于企业必不可少。

在对中小企业进行的调查中发现，财务信息往往不完备。有的中小企业尚没有完整的会计账簿，完全是"豆腐账"，"豆腐账"的基本结构就是"销售额－费用＝利润"，这种流水账显然不能充分说明企业的经营状况，也无助于企业改善经营，降低成本和费用，及时发现经营中存在的问题。

多数经营者把自己的头脑视为罗盘针，对指标和数字泛泛地一目而过，并没有切实地通过指标和数字来了解经营的状况。这就会大大影响计划的周密性，而多数企业虽然也有所谓的数据库，但不少是名副其实地让数据在仓库里面睡觉。

如果说目前有些大企业陷入过多的财务数据中不能自拔，而导致企业决策的保守和失去实效性，那么多数中小企业则还尚未学会充分利用财务数据，分析企业的现状，预测企业未来的发展，制定科学的决策。同时，企业又缺乏能客观准确地反映企业经营状况的财务会计制度，许多企业账实不符，不能真实反映企业的资产变化，还有相当多的企业在年检报告书中竟然填写实收资本、净资产为零,税后利润为负数。有的企业经营多年,仍然钱一堆,货一堆,没有专职的会计机构和人员。

一个企业的繁荣取决于能否准确有效地认识和利用信息。如今,企业的会计资料不仅仅是为了纳税和所有者对一个财政年度的财政状况及盈亏状况进行分析和了解,而主要是应作为企业经营活动中的有效工具加以利用。然而,多数中小企业整天忙于应付资金周转,无暇也无意充分运用会计资料。如果这些会计资料得不到有效利用,就失去了存在的价值。

(三)忽视资金运营

良好的资金运营对任何企业都很重要,中小企业也不例外。加强对现金流动、盈亏账目,以及资产平衡的正确运营,对于一个企业的生存和发展极为重要。

许多创业者认为,他们拥有的现金便是他们获得的利润。实际上现金和利润完全不同。利润的实现是指卖出产品收到的利润,而非预付款也不是赊销后账面上的利润数字。另外,产品售出后,这可能被退货,已获得的利润还有可能丧失。其次,中小企业往往在控制成本和费用支出上方法不得当,常常是拣了芝麻丢了西瓜,也会影响利润。

忽视资金运营的病症主要表现有:

(1)现金管理混乱;

(2)不重视资金的时间价值;

(3)资金不能有效利用;

(4)库存和应收账款太多。

一旦出现这些病症,表明资金的管理水平是相当低的。

企业的现金就如同人体中的血液一般。对于企业这个机体的正常运转具有重要意义。而一个规模不大,实力有限的企业要想生存下去,就更应该保护好自己宝贵的血液,重视资金的调节和运用。而企业的资金周转就如同企业的命脉,是企业的问题焦点。然而令人遗憾的是,至今仍有不少创业者视资金周转问题为细枝末节的问题。

1. 资金周转的常见误解

（1）有大量的现金便以为企业运转得很好。事实是企业可能有大量的现金周转，但并不表明有足够的资金可以支付各种费用，或者可能是因为企业还没有支付账款，才显得现金周转非常活跃。

（2）没有足够的现金便意味着企业处于麻烦之中。事实是，如果企业将支出控制到最后限度，而从企业的投资中得到最大限度的收益以及你精心管理你的企业现金周转。企业健康的可能性便会增加。

（3）如果销售额在增长，便表明企业财政状况良好。事实是，如果销售额正在增长，而产品或服务价格却在降低，那么你实际上可能正在亏损，因为销售收入无法弥补成本和费用。

2. 现金管理的常见问题

（1）个人现金支出与公司现金混杂。由于中小企业经营者往往又是所有者，视企业为自己的家，自己的钱柜。特别是有些家族企业，有的家族成员缺钱花时，就十分自然地到收银台或出纳那里拿钱，而这可能只是需要购置一件私人物品。

（2）用企业收到的现金来支付费用。中小企业往往有一种常见现象，每日上门催款催债的络绎不绝。在处理这种事务时，老板们常常会被逼不过，从当日收入中拿出一笔钱直接打发了催款人。正确做法是应该用公司支票支付所有的公司费用。

（3）赊销造成资金周转不畅。中小企业面临剧烈的竞争，往往担心自己产品的销路，有时为了照顾老客户，明知赊销商品会导致货款拖欠，还是接受了这笔交易，应收账款收不回来，使原本就本小利薄的企业如雪上加霜，难以支撑。

（4）重储存轻投入，小富则安。中小企业喜好滚雪球式的发展。有的企业把收入的资金又存入银行，稳稳当当地吃利息，而不愿投入到再生产中，冒市场风险；有的则追求排场，花钱如流水，未能将原本就有限的资金用到经营中，浪费资金，又导致裹足不前。

（5）陷入存货陷阱。销售量及存货周转时间比毛利百分比还要重要。

举个例子：一个小五金店的业主每年购买60座电暖器，每台电暖器的成本是150元，售价300元。因此投资9000元便可获利9000元。供应商提出，500座电暖器只售22500元，平均每座电暖器只要45元，因此，五金店可以降低零售价格到270元，希望能卖出一半以上数量而得到500%的利润。如果你是业主千万别接受这个条件。因为这样会导致大量的存货。如果每年无法以单价270元的价格卖出75座电暖器，则大约要7年以上的时间才可以出清存货。如果每一年利润是16050元，合计利润112500元。如果投资22500元在其他商品，则每年可得22500元利润。

因此，将大量金钱投资在可能会有库存商品的做法是非常不明智的。即使能得到特别优惠价格的商品，表面上看到较高利润率，实际由于周期太长，利润反而不大。

六、与中小企业相关的优惠政策

早在1978年以前，我国政府就对部分小企业实施过一些优惠政策，鼓励它们的发展。例如50年代中期提出小企业与大中型企业并举的方针；60年代初鼓励地区和县办"五小工业"（小钢铁、小煤炭、小化肥、小水泥、小机械），以解决大跃进和自然灾害带来的困难；60年代末鼓励街道和工厂办"五七"工厂，解决城市职工家属的就业问题；70年代中后期支持许多企业办了大量的"劳动服务公司"，安置从农村返回城市的知识青年。1978年以后对乡镇企业也实施过一段时间的优惠政策，以解决农村改革后农业剩余劳动力的就业问题。

目前，我国政府实施的一些带有优惠性质的政策，虽然有些并不是专为小企业制定的，但从受益主体来看，相当一部分是小企业，以下将以附录的形式，列举一些与中小企业息息相关的最新政策。

附录1

《国务院办公厅关于
当前金融促进经济发展的若干意见》

国办发［2008］126号各省、自治区、直辖市人民政府，国务院各部委、各直属机构：

为应对国际金融危机的冲击，贯彻落实党中央、国务院关于进一步扩大内需、促进经济增长的十项措施，认真执行积极的财政政策和适度宽松的货币政策，加大金融支持力度，促进经济平稳较快发展，经国务院批准，提出如下意见：

一、落实适度宽松的货币政策，促进货币信贷稳定增长

（一）保持银行体系流动性充足，促进货币信贷稳定增长。根据经济社会发展需要，创造适度宽松的货币信贷环境，以高于GDP增长与物价上涨之和约3至4个百分点的增长幅度作为2009年货币供应总量目标，争取全年广义货币供应量增长17%左右。密切监测流动性总量及分布变化，适当调减公开市场操作力度，停发3年期央行票据，降低1年期和3个月期央行票据发行频率。根据国内外形势适时适度调整货币政策操作。

（二）追加政策性银行2008年度贷款规模1000亿元，鼓励商业银行发放中央投资项目配套贷款，力争2008年金融机构人民币贷款增加4万亿元以上。

（三）发挥市场在利率决定中的作用，提高经济自我调节能力。增强贷款利率下浮弹性，改进贴现利率形成机制，完善中央银行利率体系。按照主动性、可控性和渐进性原则，进一步完善人民币汇率形成机制，增强汇率弹性，保持人民币汇率在合理均衡水平上基本稳定。

二、加强和改进信贷服务，满足合理资金需求

（四）加强货币政策、信贷政策与产业政策的协调配合。坚持区别对待、有保有压原则，支持符合国家产业政策的产业发展。加大对民生工程、"三农"、重大工程建设、灾后重建、节能减排、科技创新、技术改造和兼

并重组、区域协调发展的信贷支持。积极发展面向农户的小额信贷业务,增加扶贫贴息贷款投放规模。探索发展大学毕业生小额创业贷款业务。支持高新技术产业发展。同时,适当控制对一般加工业的贷款,限制对高耗能、高排放行业和产能过剩行业劣质企业的贷款。

(五)鼓励银行业金融机构在风险可控前提下,对基本面比较好、信用记录较好、有竞争力、有市场、有订单但暂时出现经营或财务困难的企业给予信贷支持。全面清理银行信贷政策、法规、办法和指引,根据当前特殊时期需要,对《贷款通则》等有关规定和要求做适当调整。

(六)支持中小企业发展。落实对中小企业融资担保、贴息等扶持政策,鼓励地方人民政府通过资本注入、风险补偿等多种方式增加对信用担保公司的支持。设立包括中央、地方财政出资和企业联合组建在内的多层次中小企业贷款担保基金和担保机构,提高金融机构中小企业贷款比重。对符合条件的中小企业信用担保机构免征营业税。

(七)鼓励金融机构开展出口信贷业务。将进出口银行的人民币出口卖方信贷优惠利率适用范围,扩大到具有自主知识产权、自主品牌和高附加值出口产品。允许金融机构开办人民币出口买方信贷业务。发挥出口信用保险在支持金融机构开展出口融资业务中的积极作用。

(八)加大对产业转移的信贷支持力度。支持金融机构创新发展针对产业转移的信贷产品和审贷模式,探索多种抵押担保方式。鼓励金融机构优先发放人民币贷款,支持国内过剩产能向境外转移。

(九)加大对农村金融政策支持力度,引导更多信贷资金投向农村。坚持农业银行为农服务方向,拓展农业发展银行支农领域,扩大邮政储蓄银行涉农业务范围,发挥农村信用社为农民服务的主力军作用。县域内银行业金融机构新吸收的存款,主要用于当地发放贷款。建立政府扶持、多方参与、市场运作的农村信贷担保机制。在扩大农村有效担保物范围基础上,积极探索发展农村多种形式担保的信贷产品。指导农村金融机构开展林权质押贷款业务。

(十)落实和出台有关信贷政策措施,支持居民首次购买普通自住房和改善型普通自住房。加大对城市低收入居民廉租房、经济适用房建设和棚户区改造的信贷支持。支持汽车消费信贷业务发展，拓宽汽车金融公司融资渠道。积极扩大农村消费信贷市场。

三、加快建设多层次资本市场体系，发挥市场的资源配置功能

（十一）采取有效措施，稳定股票市场运行，发挥资源配置功能。完善中小企业板市场各项制度，适时推出创业板，逐步完善有机联系的多层次资本市场体系。支持有条件的企业利用资本市场开展兼并重组，促进上市公司行业整合和产业升级，减少审批环节，提升市场效率，不断提高上市公司竞争力。

（十二）推动期货市场稳步发展，探索农产品期货服务"三农"的运作模式，尽快推出适应国民经济发展需要的钢材、稻谷等商品期货新品种。

（十三）扩大债券发行规模，积极发展企业债、公司债、短期融资券和中期票据等债务融资工具。优先安排与基础设施、民生工程、生态环境建设和灾后重建等相关的债券发行。积极鼓励参与国家重点建设项目的上市公司发行公司债券和可转换债券。稳步发展中小企业集合债券，开展中小企业短期融资券试点。推进上市商业银行进入交易所债券市场试点。研究境外机构和企业在境内发行人民币债券，允许在内地有较多业务的香港企业或金融机构在港发行人民币债券。完善债券市场发行规则与监管标准。

四、发挥保险保障和融资功能，促进经济社会稳定运行

（十四）积极发展"三农"保险，进一步扩大农业保险覆盖范围，鼓励保险公司开发农业和农村小额保险及产品质量保险。稳步发展与住房、汽车消费等相关的保险。积极发展建工险、工程险等业务，为重大基础设施项目建设提供风险保障。做好灾后重建保险服务，支持灾区群众基本生活设施和公共服务基础设施恢复重建。研究开放短期出口信用保险市场，引入商业保险公司参与竞争，支持出口贸易。

（十五）发挥保险公司机构投资者作用和保险资金投融资功能，鼓励保险公司购买国债、金融债、企业债和公司债，引导保险公司以债权等方式投资交通、通信、能源等基础设施项目和农村基础设施项目。稳妥推进保险公司投资国有大型龙头企业股权，特别是关系国家战略的能源、资源等产业的龙头企业股权。

（十六）积极发展个人、团体养老等保险业务，鼓励和支持有条件企业通过商业保险建立多层次养老保障计划，研究对养老保险投保人给予延迟纳税等税收优惠。推动健康保险发展，支持相关保险机构投资医疗机构和养老实体。提高保险业参与新型农村合作医疗水平，发展适合农民需求的健康保险和意外伤害保险。

五、创新融资方式，拓宽企业融资渠道

（十七）允许商业银行对境内外企业发放并购贷款。研究完善企业并购税收政策，积极推动企业兼并重组。

（十八）开展房地产信托投资基金试点，拓宽房地产企业融资渠道。发挥债券市场避险功能，稳步推进债券市场交易工具和相关金融产品创新。开展项目收益债券试点。

（十九）加强对社会资金的鼓励和引导。拓宽民间投资领域，吸引更多社会资金参与政府鼓励项目，特别是灾后基础设施重建项目。出台股权投资基金管理办法，完善工商登记、机构投资者投资、证券登记和税收等相关政策，促进股权投资基金行业规范健康发展。按照中小企业促进法关于鼓励创业投资机构增加对中小企业投资的规定，落实和完善促进创业投资企业发展的税收优惠政策。

（二十）充分发挥农村信用社等金融机构支农主力军作用，扩大村镇银行等新型农村金融机构试点，扩大小额贷款公司试点，规范发展民间融资，建立多层次信贷供给市场。

（二十一）创新信用风险管理工具。在进一步规范发展信贷资产重组、转让市场的基础上，允许在银行间债券市场试点发展以中小企业贷款、涉农贷款、国家重点建设项目贷款等为标的资产的信用风险管理工具，适度分散信贷风险。

六、改进外汇管理，大力推动贸易投资便利化

（二十二）改进贸易收结汇与贸易活动真实性、一致性审核，便利企业特别是中小企业贸易融资。加快进出口核销制度改革，简化手续，实现贸易：外汇管理向总量核查、非现场核查和主体监管转变。适当提高企业预收货款结汇比

例，将一般企业预收货款结汇比例从10%提高到25%，对单笔金额较小的出口预收货款不纳入结汇额度管理。调整企业延期付款年度发生额规模，由原来不得超过企业上年度进口付汇额的10%提高为25%。简化企业申请比例结汇和临时额度的审批程序，缩短审批时间。允许更多符合条件的中外资企业集团实行外汇资金集中管理，提高资金使用效率。支持香港人民币业务发展，扩大人民币在周边贸易中的计价结算规模，降低对外经济活动的汇率风险。

七、加快金融服务现代化建设，全面提高金融服务水平

（二十三）进一步丰富支付工具体系，提高支付清算效率，加快资金周转速度。进一步增强现金供应的前瞻性，科学组织发行基金调拨，确保现金供应。配合实施积极财政政策，扩大国库集中支付涉农、救灾补贴等财政补助资金范围，实现民生工程、基础设施、生态环境建设和灾后重建所需资金直达最终收款人，确保各项财政支出资金及时安全拨付到位。优化进出口产品退税的国库业务流程，提高退税资金到账速度。加快征信体系建设，继续推动中小企业和农村信用体系建设，进一步规范信贷市场和债券市场信用评级，为中小企业融资创造便利条件。

八、加大财税政策支持力度，增强金融业促进经济发展能力

（二十四）放宽金融机构对中小企业贷款和涉农贷款的呆账核销条件。授权金融机构对符合一定条件的中小企业贷款和涉农贷款进行重组和减免。借款人发生财务困难、无力及时足额偿还贷款本息的，在确保重组和减免后能如期偿还剩余债务的条件下，允许金融机构对债务进行展期或延期、减免表外利息后，进一步减免本金和表内利息。

（二十五）简化税务部门审核金融机构呆账核销手续和程序，加快审核进度，提高审核效率，促进金融机构及时化解不良资产，防止信贷收缩。涉农贷款和中小企业贷款税前全额拨备损失准备金。对农户小额贷款、农业担保和农业保险实施优惠政策，鼓励金融机构加大对"三农"的信贷支持力度。研究金融机构抵债资产处置税收政策。结合增值税转型完善融资租赁税收政策。

（二十六）发挥财政资金的杠杆作用，调动银行信贷资金支持经济增长。支持地方人民政府建立中小企业贷款风险补偿基金，对银行业金融机构

中小企业贷款按增量给予适度的风险补偿。鼓励金融机构建立专门为中小企业提供信贷服务的部门,增加对中小企业的信贷投放。对符合条件的企业引进先进技术和产品更新换代等方面的外汇资金需求,通过进出口银行提供优惠利率进口信贷方式给予支持。

九、深化金融改革,加强风险管理,切实维护金融安全稳定

(二十七)完善国际金融危机监测及应对工作机制。密切监测国际金融危机发展动态,研究风险的可能传播途径,及时对危机发展趋势和影响进行跟踪和评估。高度关注国内金融市场流动性状况、金融机构流动性及资产负债变化。必要时启动应对预案,包括特别流动性支持、剥离不良资产、补充资本金、对银行负债业务进行担保等,确保金融安全稳定运行。

(二十八)完善金融监管体系。进一步加强中央银行与金融监管部门的沟通协调,加强功能监管、审慎监管,强化资本金约束和流动性管理,完善市场信息披露制度,努力防范各种金融风险。

(二十九)商业银行和其他金融机构要继续深化各项改革,完善公司治理,强化基础管理、内部控制和风险防范机制,理顺落实适度宽松货币政策的传导机制。正确处理好金融促进经济发展与防范金融风险的关系,在经济下行时避免盲目惜贷。切实提高金融促进经济发展的质量,防止低水平重复建设。

(三十)支持和鼓励地方人民政府为改善金融服务创造良好条件。地方人民政府应在保护银行债权、防止逃废银行债务、处置抵贷资产、合法有序进行破产清算等方面营造有利环境。继续推进地方金融机构改革,维护地方金融稳定,推动地方信用体系建设,培育诚实守信的社会信用文化,促进地方金融生态环境改善。

国务院办公厅

二〇〇八年十二月八日

附录2

《国务院办公厅关于进一步明确融资性担保业务监管职责的通知》

国办发［2009］7号各省、自治区、直辖市人民政府，国务院各部委、各直属机构：

为加强对融资性担保业务的监督管理，促进融资性担保业务健康发展，防范化解融资担保风险，国务院决定，建立融资性担保业务监管部际联席会议，同时明确地方相应的监管职责。现就有关事项通知如下：

一、国务院建立融资性担保业务监管部际联席会议（以下简称联席会议）。联席会议负责研究制定促进融资性担保业务发展的政策措施，拟订融资性担保业务监督管理制度，协调相关部门共同解决融资性担保业务监管中的重大问题，指导地方人民政府对融资性担保业务进行监管和风险处置，办理国务院交办的其他事项。

联席会议由银监会牵头，发展改革委、工业和信息化部、财政部、人民银行、工商总局、法制办等部门参加。联席会议办公室设在银监会，承担联席会议日常工作。有关部门要认真履行职责，相互配合，加强与地方人民政府的沟通，共同做好这项工作。

二、各省、自治区、直辖市人民政府结合本地实际制定促进本地区融资性担保业务健康发展、缓解中小企业贷款难担保难的政策措施，负责制定本地区融资性担保机构风险防范和处置的具体办法并组织实施，负责协调处置融资性担保机构发生的风险，负责做好融资性担保机构重组和市场退出工作，督促融资性担保业务监管部门严格履行职责、依法加强监管，引导融资性担保机构探索建立符合国家产业政策和市场规律的商业模式，并完善运行机制和风险控制体系。

省、自治区、直辖市人民政府按照"谁审批设立、谁负责监管"的要求，确定相应的部门根据国家有关规定和政策，负责本地区融资性担保机构的设立审批、关闭和日常监管。按照属地管理原则，对已设立的跨省区或规模较大的融资性担保机构，由地方负责监管和风险处置工作。

三、联席会议要抓紧完善有关制度和政策。尽快对融资性担保机构的设立条件、业务规范、监管规则和法律责任做出规定，报国务院批准后施行。抓紧研究制订促进融资性担保业务健康发展、缓解中小企业贷款难担保难的政策措施。研究建立融资性担保行业自律组织。

四、地方监管部门要切实负起监管责任。严格依照规定的设立条件审批融资性担保机构，对未经审批擅自开展融资性担保业务的，要坚决予以取缔。加强对融资性担保机构的日常监管，对可能产生的风险实行定期排查和实时监控，对从事违法违规活动的融资性担保机构要依法予以处罚，情节严重的，责令其停止相关业务，直至取消其从事融资性担保业务资格。同时，要引导融资性担保机构建立风险预警和应急机制，切实防范融资性担保风险。

国务院办公厅
二〇〇九年二月三日

附录3

《国务院办公厅转发发展改革委等部门关于加强中小企业》信用担保体系建设意见的通知

国办发［2006］90号各省、自治区、直辖市人民政府，国务院各部委、各直属机构：

发展改革委、财政部、人民银行、税务总局、银监会《关于加强中小企业信用担保体系建设的意见》已经国务院同意，现转发给你们，请认真贯彻执行。

国务院办公厅
二〇〇六年十一月二十三日

关于加强中小企业信用担保体系建设的意见

发展改革委财政部　人民银行税务总局　银监会

近年来，主要以中小企业为服务对象的中小企业信用担保机构快速发展，担保资金不断增加，业务水平和运行质量稳步提高，服务领域进一步拓展，为解决中小企业融资难和担保难等问题发挥了重要作用。但也要看到，目前中小企业信用担保体系建设还存在许多问题，主要是担保机构总体规模较小，实力较弱，抵御风险能力不强，行业管理不完善等，亟须采取有效措施加以解决。根据《中华人民共和国中小企业促进法》和《国务院关于鼓励支持和引导个体私营等非公有制经济发展的若干意见》（国发［2005］3号）的要求，为促进中小企业信用担保机构持续健康发展，现提出如下意见：

一、建立健全担保机构的风险补偿机制

（一）切实落实《中华人民共和国中小企业促进法》有关规定，在国家用于促进中小企业发展的各种专项资金（基金）中，安排部分资金用于支持中小企业信用担保体系建设。各地区也要结合实际，积极筹措资金，加大对中小企业信用担保体系建设的支持力度。

（二）鼓励中小企业信用担保机构出资人增加资本金投入。对于由政府出资设立，经济效益和社会效益显著的担保机构，各地区要视财力逐步建立合理的资本金补充和扩充机制，采取多种形式增强担保机构的资本实力，提高其风险防范能力。

（三）各地区、各部门要积极创造条件，采取多种措施，组织和推进中小企业信用担保体系建设，引导担保机构充分发挥服务职能，根据有关法律法规和政策，积极为有市场、有效益、信用好的中小企业开展担保业务，切实缓解中小企业融资难、担保难等问题。

（四）为提高中小企业信用担保机构抵御风险的能力，各地区可根据实际，逐步建立主要针对从事中小企业贷款担保的担保机构的损失补偿机制。

鼓励有条件的地区建立中小企业信用担保基金和区域性再担保机构，以参股、委托运作和提供风险补偿等方式支持担保机构的设立与发展，完善中小企业信用担保体系的增信、风险补偿机制。

二、完善担保机构税收优惠等支持政策

（五）继续执行《国务院办公厅转发国家经贸委关于鼓励和促进中小企业发展若干政策意见的通知》（国办发〔2000〕59号）中规定的对符合条件的中小企业信用担保机构免征三年营业税的税收优惠政策。同时，进一步研究完善促进担保机构发展的其他税收政策。

（六）开展贷款担保业务的担保机构，按照不超过当年年末责任余额1%的比例以及税后利润的一定比例提取风险准备金。风险准备金累计达到其注册资本金30%以上的，超出部分可转增资本金。担保机构实际发生的代偿损失，可按照规定在企业所得税税前扣除。

（七）为促进担保机构的可持续发展，对主要从事中小企业贷款担保的担保机构，担保费率实行与其运营风险成本挂钩的办法。基准担保费率可按银行同期贷款利率的50%执行，具体担保费率可依项目风险程度在基准费率基础上上下浮动30%~50%，也可经担保机构监管部门同意后由担保双方自主商定。

三、推进担保机构与金融机构的互利合作

（八）按照平等、自愿、公平及等价有偿、诚实信用的原则，鼓励、支持金融机构与担保机构加强互利合作。鼓励金融机构和担保机构根据双方的风险控制能力合理确定担保放大倍数，发挥各自优势，加强沟通协作，防范和化解中小企业信贷融资风险，促进中小企业信贷融资业务健康发展。

（九）金融机构要针对中小企业的特点，创新与担保机构的合作方式，拓展合作领域，积极开展金融产品创新，推出更多适合中小企业多样化融资需求的金融产品和服务项目。政策性银行可依托中小商业银行和担保机构，开展以中小企业为主要服务对象的转贷款、担保贷款业务。

（十）金融机构要在控制风险的前提下，合理下放对小企业贷款的审批权限，简化审贷程序，提高贷款审批效率。对运作规范、信用良好、资本实力和风险控制能力较强的担保机构承保的优质项目，可按人民银行利率管理规定适当下浮贷款利率。

四、切实为担保机构开展业务创造有利条件

（十一）担保机构开展担保业务中涉及工商、房产、土地、车辆、船舶、设备和其他动产、股权、商标专用权、专利权等抵押物登记和出质登记，凡符合要求的，登记部门要按照《中华人民共和国担保法》的规定为其办理相关登记手续。担保机构可以查询、抄录或复印与担保合同和客户有关的登记资料，登记部门要提供便利。

（十二）登记部门要简化程序、提高效率，积极推进抵押物登记、出质登记的标准化和电子化，提高服务水平，降低登记成本。同时，担保机构办理代偿、清偿、过户等手续的费用，要按国家有关规定予以减免。在办理有关登记手续过程中，有关部门不得指定评估机构对抵押物（质物）进行强制性评估，不得干预担保机构正常开展业务。

（十三）各部门和有关方面按照规定可向社会公开的企业信用信息，应向担保机构开放，支持担保机构开展与担保业务有关的信息查询。有条件的地方要建立互联互通机制，实现可公开企业信用信息与担保业务信息的互联互通和资源共享。

五、加强对担保机构的指导和服务

（十四）全国中小企业信用担保体系建设工作由发展改革委牵头，财政部、人民银行、税务总局、银监会参加，各部门要密切配合，加强沟通与协调，及时研究解决工作中的重大问题。地方各级人民政府要加强领导，提高认识，高度重视中小企业信用担保体系建设工作，将其纳入中小企业成长工程，积极采取措施予以推进。

（十五）加强对担保机构经营的指导。各地区要指导和督促担保机构加强内部管理，规范经营行为，完善各种规章制度，努力提高经营水平和防控风险能力。要建立健全担保机构的信用评级制度，督促担保机构到有资质的评级机构进行信用评级，并将信用等级向社会公布。根据实际情况对担保机构实行备案管理，全面掌握担保机构经营状况，及时跟踪指导。

（十六）积极为担保机构做好服务工作。各地区要组织开展面向中小企业信用担保机构的信息咨询、经验交流、业务培训、行业统计、权益保护、行业自律及对外交流等工作，切实推进担保机构自身建设和文化建设，促进担保机构持续健康发展。

附录4

《国务院办公厅转发发展改革委等部门关于创业投资引导基金规范设立与运作指导意见的通知》

国办发［2008］116号各省、自治区、直辖市人民政府，国务院各部委、各直属机构：

发展改革委、财政部、商务部《关于创业投资引导基金规范设立与运作的指导意见》已经国务院同意，现转发给你们，请认真贯彻执行。

国务院办公厅
二〇〇八年十月十八日

关于创业投资引导基金规范设立与运作的指导意见
发展改革委财政部　商务部

为贯彻《国务院关于实施＜国家中长期科学和技术发展规划纲要（2006—2020年）若干配套政策的通知》（国发［2006］6号）精神，配合《创业投资企业管理暂行办法》（发展改革委等十部委令2005年第39号）实施，促进创业投资引导基金（以下简称引导基金）的规范设立与运作，扶持创业投资企业发展，现提出如下意见：

一、引导基金的性质与宗旨

引导基金是由政府设立并按市场化方式运作的政策性基金，主要通过扶持创业投资企业发展，引导社会资金进入创业投资领域。引导基金本身不直接从事创业投资业务。

引导基金的宗旨是发挥财政资金的杠杆放大效应，增加创业投资资本的供给，克服单纯通过市场配置创业投资资本的市场失灵问题。特别是通过鼓励创业投资企业投资处于种子期、起步期等创业早期的企业，弥补一般创业投资企业主要投资于成长期、成熟期和重建企业的不足。

二、引导基金的设立与资金来源

地市级以上人民政府有关部门可以根据创业投资发展的需要和财力状况设立引导基金。其设立程序为：由负责推进创业投资发展的有关部门和财政部门共同提出设立引导基金的可行性方案，报同级人民政府批准后设立。各地应结合本地实际情况制订和不断完善引导基金管理办法，管理办法由财政部门和负责推进创业投资发展的有关部门共同研究提出。

引导基金应以独立事业法人的形式设立，由有关部门任命或派出人员组成的理事会行使决策管理职责，并对外行使引导基金的权益和承担相应义务与责任。

引导基金的资金来源：支持创业投资企业发展的财政性专项资金；引导基金的投资收益与担保收益；闲置资金存放银行或购买国债所得的利息收益；个人、企业或社会机构无偿捐赠的资金等。

三、引导基金的运作原则与方式

引导基金应按照"政府引导、市场运作，科学决策、防范风险"的原则进行投资运作，扶持对象主要是按照《创业投资企业管理暂行办法》规定程序备案的在中国境内设立的各类创业投资企业。在扶持创业投资企业设立与发展的过程中，要创新管理模式，实现政府政策意图和所扶持创业投资企业按市场原则运作的有效结合；要探索建立科学合理的决策、考核机制，有效防范风险，实现引导基金自身的可持续发展；引导基金不用于市场已经充分竞争的领域，不与市场争利。

引导基金的运作方式：

（一）参股。引导基金主要通过参股方式，吸引社会资本共同发起设立创业投资企业。

（二）融资担保。根据信贷征信机构提供的信用报告，对历史信用记录良好的创业投资企业，可采取提供融资担保方式，支持其通过债权融资增强投资能力。

（三）跟进投资或其他方式。产业导向或区域导向较强的引导基金，可探索通过跟进投资或其他方式，支持创业投资企业发展并引导其投资方向。其中，跟进投资仅限于当创业投资企业投资创业早期企业或需要政府重点扶持和鼓励的高新技术等产业领域的创业企业时，引导基金可以按适当股权比例向该创业企业投资，但不得以"跟进投资"之名，直接从事创业投资运作业务，而应发挥商业性创业投资企业发现投资项目、评估投资项目和实施投资管理的作用。

引导基金所扶持的创业投资企业，应当在其公司章程或有限合伙协议等法律文件中，规定以一定比例资金投资于创业早期企业或需要政府重点扶持和鼓动的高新技术等产业领域的创业企业。引导基金应当监督所扶持创业投资企业尝照规定的投资方向进行投资运作，但不干预所扶持创业投资企业的日常管理。引导基金不担任所扶持公司型创业投资企业的受托管理机构或有限合伙型创业投资企业的普通合伙人，不参与投资设立创业投资管理企业。

四、引导基金的管理

引导基金应当遵照国家有关预算和财务管理制度的规定，建立完善的内部管理制度和外部监管与监督制度。引导基金可以专设管理机构负责引导基金的日常管理与运作事务，也可委托符合资质条件的管理机构负责引导基金的日常管理与运作事务。

引导基金受托管理机构应当符合下列资质条件：（1）具有独立法人资格；（2）其管理团队具有一定的从业经验，具有较高的政策水平和管理水平；（3）最近3年以上持续保持良好的财务状况；（4）没有受过行政主管机关或者司法机关重大处罚的不良记录；（5）严格按委托协议管理引导基金资产。

引导基金应当设立独立的评审委员会，对引导基金支持方案进行独立评审，以确保引导基金决策的民主性和科学性。评审委员会成员由政府有关部门、创业投资行业自律组织的代表以及社会专家组成，成员人数应当为单数。其中，创业投资行业自律组织的代表和社会专家不得少于半数。引导基金拟扶持项目单位的人员不得作为评审委员会成员参与对拟扶持项目的评审。引导基金理事会根据评审委员会的评审结果，对拟扶持项目进行决策。

引导基金应当建立项目公示制度，接受社会对引导基金的监督，确保引导基金运作的公开性。

五、对引导基金的监管与指导

引导基金纳入公共财政考核评价体系。财政部门和负责推进创业投资发展的有关部门对所设立引导基金实施监管与指导，按照公共性原则，对引导基金建立有效的绩效考核制度，定期对引导基金政策目标、政策效果及其资产情况进行评估。

引导基金理事会应当定期向财政部门和负责推进创业投资发展的有关部门报告运作情况。运作过程中的重大事件及时报告。

六、引导基金的风险控制

应通过制订引导基金章程，明确引导基金运作、决策及管理的具体程序和规定，以及申请引导基金扶持的相关条件。申请引导基金扶持的创业投资企业，应当建立健全业绩激励机制和风险约束机制，其高级管理人员或其管理顾问机构的高级管理人员应当已经取得良好管理业绩。

引导基金章程应当具体规定引导基金对单个创业投资企业的支持额度以及风险控制制度。以参股方式发起设立创业投资企业的，可在符合相关法律法规规定的前提下，事先通过公司章程或有限合伙协议约定引导基金的优先分配权和优先清偿权，以最大限度控制引导基金的资产风险。以提供融资担保方式和跟进投资方式支持创业投资企业的，引导基金应加强对所支持创业投资企业的资金使用监管，防范财务风险。

引导基金不得用于从事贷款或股票、期货、房地产、基金、企业债券、金融衍生品等投资以及用于赞助、捐赠等支出。闲置资金只能存放银行或购买国债。

引导基金的闲置资金以及投资形成的各种资产及权益，应当按照国家有关财务规章制度进行管理。引导基金投资形成股权的退出，应按照公共财政的原则和引导基金的运作要求，确定退出方式及退出价格。

七、指导意见的组织实施

本指导意见发布后，新设立的引导基金应遵循本指导意见进行设立和运作，已设立的引导基金应按照本指导意见逐步规范运作。

附录5

《中华人民共和国中小企业促进法》
2002年6月29日第九届全国人民代表大会
常务委员会第二十八次会议通过

第一章 总 则

第一条 为了改善中小企业经营环境，促进中小企业健康发展，扩大城乡就业，发挥中小企业在国民经济和社会发展中的重要作用，制定本法。

第二条 本法所称中小企业，是指在中华人民共和国境内依法设立的有利于满足社会需要，增加就业，符合国家产业政策，生产经营规模属于中小型的各种所有制和各种形式的企业。

中小企业的划分标准由国务院负责企业工作的部门根据企业职工人数、销售额、资产总额等指标，结合行业特点制定，报国务院批准。

第三条 国家对中小企业实行积极扶持、加强引导、完善服务、依法规范、保障权益的方针，为中小企业创立和发展创造有利的环境。

第四条 国务院负责制定中小企业政策，对全国中小企业的发展进行统筹规划。

国务院负责企业工作的部门组织实施国家中小企业政策和规划，对全国中小企业工作进行综合协调、指导和服务。

国务院有关部门根据国家中小企业政策和统筹规划，在各自职责范围内对中小企业工作进行指导和服务。

县级以上地方各级人民政府及其所属的负责企业工作的部门和其他有关

部门在各自职责范围内对本行政区域内的中小企业进行指导和服务。

第五条　国务院负责企业工作的部门根据国家产业政策,结合中小企业特点和发展状况,以制定中小企业发展产业指导目录等方式,确定扶持重点,引导鼓励中小企业发展。

第六条　国家保护中小企业及其出资人的合法投资,及因投资取得的合法收益。任何单位和个人不得侵犯中小企业财产及其合法收益。

任何单位不得违反法律、法规向中小企业收费和罚款,不得向中小企业摊派财物。中小企业对违反上述规定的行为有权拒绝和有权举报、控告。

第七条　行政管理部门应当维护中小企业的合法权益,保护其依法参与公平竞争与公平交易的权利,不得歧视,不得附加不平等的交易条件。

第八条　中小企业必须遵守国家劳动安全、职业卫生、社会保障、资源环保、质量、财政税收、金融等方面的法律、法规,依法经营管理,不得侵害职工合法权益,不得损害社会公共利益。

第九条　中小企业应当遵守职业道德,恪守诚实信用原则,努力提高业务水平,增强自我发展能力。

第二章　资金支持

第十条　中央财政预算应当设立中小企业科目,安排扶持中小企业发展专项资金。

地方人民政府应当根据实际情况为中小企业提供财政支持。

第十一条　国家扶持中小企业发展专项资金用于促进中小企业服务体系建设,开展支持中小企业的工作,补充中小企业发展基金和扶持中小企业发展的其他事项。

第十二条　国家设立中小企业发展基金。中小企业发展基金由下列资金组成:

(一)中央财政预算安排的扶持中小企业发展专项资金;

(二)基金收益;

(三)捐赠;

(四)其他资金。

国家通过税收政策，鼓励对中小企业发展基金的捐赠。

第十三条 国家中小企业发展基金用于下列扶持中小企业的事项：

（一）创业辅导和服务；

（二）支持建立中小企业信用担保体系；

（三）支持技术创新；

（四）鼓励专业化发展以及与大企业的协作配套；

（五）支持中小企业服务机构开展人员培训、信息咨询等项工作；

（六）支持中小企业开拓国际市场；

（七）支持中小企业实施清洁生产；

（八）其他事项。

中小企业发展基金的设立和使用管理办法由国务院另行规定。

第十四条 中国人民银行应当加强信贷政策指导，改善中小企业融资环境。

中国人民银行应当加强对中小金融机构的支持力度，鼓励商业银行调整信贷结构，加大对中小企业的信贷支持。

第十五条 各金融机构应当对中小企业提供金融支持，努力改进金融服务，转变服务作风，增强服务意识，提高服务质量。

各商业银行和信用社应当改善信贷管理，扩展服务领域，开发适应中小企业发展的金融产品，调整信贷结构，为中小企业提供信贷、结算、财务咨询、投资管理等方面的服务。

国家政策性金融机构应当在其业务经营范围内，采取多种形式，为中小企业提供金融服务。

第十六条 国家采取措施拓宽中小企业的直接融资渠道，积极引导中小企业创造条件，通过法律、行政法规允许的各种方式直接融资。

第十七条 国家通过税收政策鼓励各类依法设立的风险投资机构增加对中小企业的投资。

第十八条 国家推进中小企业信用制度建设，建立信用信息征集与评价体系，实现中小企业信用信息查询、交流和共享的社会化。

第十九条 县级以上人民政府和有关部门应当推进和组织建立中小企业信用担保体系，推动对中小企业的信用担保，为中小企业融资创造条件。

中小企业信用担保管理办法由国务院另行规定。

第二十条 国家鼓励各种担保机构为中小企业提供信用担保。

第二十一条 国家鼓励中小企业依法开展多种形式的互助性融资担保。

第三章 创业扶持

第二十二条 政府有关部门应当积极创造条件，提供必要的、相应的信息和咨询服务，在城乡建设规划中根据中小企业发展的需要，合理安排必要的场地和设施，支持创办中小企业。

失业人员、残疾人员创办中小企业的，所在地政府应当积极扶持，提供便利，加强指导。

政府有关部门应当采取措施，拓宽渠道，引导中小企业吸纳大中专学校毕业生就业。

第二十三条 国家在有关税收政策上支持和鼓励中小企业的创立和发展。

第二十四条 国家对失业人员创立的中小企业和当年吸纳失业人员达到国家规定比例的中小企业，符合国家支持和鼓励发展政策的高新技术中小企业，在少数民族地区、贫困地区创办的中小企业，安置残疾人员达到国家规定比例的中小企业，在一定期限内减征、免征所得税，实行税收优惠。

第二十五条 地方人民政府应当根据实际情况，为创业人员提供工商、财税、融资、劳动用工、社会保障等方面的政策咨询和信息服务。

第二十六条 企业登记机关应当依法定条件和法定程序办理中小企业设立登记手续，提高工作效率，方便登记者。不得在法律、行政法规规定之外设置企业登记的前置条件；不得在法律、行政法规规定的收费项目和收费标准之外，收取其他费用。

第二十七条 国家鼓励中小企业根据国家利用外资政策，引进国外资金、先进技术和管理经验，创办中外合资经营、中外合作经营企业。

第二十八条 国家鼓励个人或者法人依法以工业产权或者非专利技术等投资参与创办中小企业。

第四章 技术创新

第二十九条 国家制定政策，鼓励中小企业按照市场需要，开发新产品，采用先进的技术、生产工艺和设备，提高产品质量，实现技术进步。

中小企业技术创新项目以及为大企业产品配套的技术改造项目，可以享受贷款贴息政策。

第三十条 政府有关部门应当在规划、用地、财政等方面提供政策支持，推进建立各类技术服务机构，建立生产力促进中心和科技企业孵化基地，为中小企业提供技术信息、技术咨询和技术转让服务，为中小企业产品研制、技术开发提供服务，促进科技成果转化，实现企业技术、产品升级。

第三十一条 国家鼓励中小企业与研究机构、大专院校开展技术合作、开发与交流，促进科技成果产业化，积极发展科技型中小企业。

第五章 市场开拓

第三十二条 国家鼓励和支持大企业与中小企业建立以市场配置资源为基础的、稳定的原材料供应、生产、销售、技术开发和技术改造等方面的协作关系，带动和促进中小企业发展。

第三十三条 国家引导、推动并规范中小企业通过合并、收购等方式，进行资产重组，优化资源配置。

第三十四条 政府采购应当优先安排向中小企业购买商品或者服务。

第三十五条 政府有关部门和机构应当为中小企业提供指导和帮助，促进中小企业产品出口，推动对外经济技术合作与交流。

国家有关政策性金融机构应当通过开展进出口信贷、出口信用保险等业务，支持中小企业开拓国外市场。

第三十六条 国家制定政策，鼓励符合条件的中小企业到境外投资，参与国际贸易，开拓国际市场。

第三十七条 国家鼓励中小企业服务机构举办中小企业产品展览展销和信息咨询活动。

第六章 社会服务

第三十八条 国家鼓励社会各方面力量，建立健全中小企业服务体系，为中小企业提供服务。

第三十九条 政府根据实际需要扶持建立的中小企业服务机构,应当为中小企业提供优质服务。

中小企业服务机构应当充分利用计算机网络等先进技术手段,逐步建立健全向全社会开放的信息服务系统。

中小企业服务机构联系和引导各类社会中介机构为中小企业提供服务。

第四十条 国家鼓励各类社会中介机构为中小企业提供创业辅导、企业诊断、信息咨询、市场营销、投资融资、贷款担保、产权交易、技术支持、人才引进、人员培训、对外合作、展览展销和法律咨询等服务。

第四十一条 国家鼓励有关机构、大专院校培训中小企业经营管理及生产技术等方面的人员,提高中小企业营销、管理和技术水平。

第四十二条 行业的自律性组织应当积极为中小企业服务。

第四十三条 中小企业自我约束、自我服务的自律性组织,应当维护中小企业的合法权益,反映中小企业的建议和要求,为中小企业开拓市场、提高经营管理能力提供服务。

第七章 附 则

第四十四条 省、自治区、直辖市可以根据本地区中小企业的情况,制定有关的实施办法。

第四十五条 本法自2003年1月1日起施行。

第二章　看清自身条件再创业

　　创业者往往要承受的超出常人的心理压力，这就要求创业者具有决定的信念，还要有善于用人、容人的胸襟。

　　要创业成功要先看自身条件。并不是每个人都适合创业，也并非每个创业者都能成功！想要创业成功，创业者需要认清自己的特质，提升自己的素质。

一、各种素质齐备，才可能成功

（一）成功的信念

　　每个人都应该坚持自己的信念，实现自己的人生目标。不管是暴风骤雨还是急流险滩，都咬紧牙关，义无反顾地朝着理想的航标前进，像这种坚韧不拔的坚强意志，对于一个人的现在和未来都是非常重要的。

　　几个世纪以来，哲学和宗教学都一致认为，信心越强，成功的机会也就越大，从心理学的角度来分析，也可以得到同样的结论。

　　对于每个怀有创业梦想的人来说，最重要的是自己要有坚定不移的信心，有摧垮艰险的志气，再加上勤奋努力，吃苦耐劳，坚持不懈地奋斗进取，自然会取、导成功。

　　当然，成功的信念不是天生就有的，它需要时间和良好的方法来培养。

　　如果你心中有这样或那样的缺陷与弱点，你就可以给自己规定一个调整的计划，通过种种积极的方法，你就能够逐渐培养起成功的信念。

1. 心理暗示法

成功学家希尔指出"信心是一种心理状态，可以用成功暗示法诱导出来。""对你的潜意识重复地灌输正面和肯定的语气，是发展自信心最快的方式"。

当我们将一些正面、自信的语言反复暗示和灌输给我们的大脑潜意识时，这些正面的自信的语言就会在我们的潜意识中根植下来。

比如，把"我要……""我能……"等这些内容写在纸条上，例如"我要成为一名企业家，我能成为一名企业家！"贴在镜子上，贴在书桌上，天天念它几遍，对促进我们的成功信念一定会有帮助。

2. 寻找力量法

经常阅读成功人物的传记和成功自励的书，最能帮助我们找到勇气和力量，从而增强我们的信念。大凡成功人物都曾经历过信心不足、迷茫、挫折等打击锤炼，又经过成功的滋润。他们的自信的建立最有启发意义。

阅读成功自励的书籍，更是运用许多例证，从各个角度分析成功的正确观念和态度以及一些获取成功的思维方式。这对我们增强自信也极有好处。如有条件，找一个有成功经验的人进行咨询，也是一种寻找力量的办法。

3. 自我分析法

（1）分析超脱。当你感到自卑不如人，缺乏自信时，多方面分析原因：出身家庭如何？从小到大的环境如何？受到的教育如何？是否缺乏亲友帮助？人生目标是什么？人生信念是什么？等等。这样便能找到缺乏自信的原因。每个人所处环境的条件不同，追求目标也会不同，通过分析就不会因某一时、某一方面不如人而失去信心。

将自己的人生放在一些大背景中去分析，更容易超脱。整个世界，整个人类历史，整个国家，整个社会等等大背景中，比你强的人有很多，但一定会有人比你处境更差。卡耐基引用一个故事说："当你担心没有鞋时，却有人没有脚。"从大背景进行分析，可以让我们从个人小圈子的局限中解脱出来，从自卑的情绪中超脱出来。超越了局限和自卑，你便能正确地肯定自己，从而树立自信心。

（2）列举成就。从小时候到现在为止，每个人都会有许许多多、大大小小的成功，把它们统统列举出来，哪怕是一件很小的成绩也不要放过。比如，考上中学，考上大学；某科成绩开始不怎么好，后来赶上去了；当了学生干部，获赛的好名次；学会骑自行车、摩托车；某次做生意成功了；某次交友成功了……花时间，仔细回顾，如数家珍一件件列举出来。望着这些成就，你可能会很惊讶，原来自己也有这么多成功。成功的体验使人信心倍增。

（3）反比优势。选一个年龄相仿的成功者作反比对象，列出自己的特长、爱好和才能，比如打球、跑步、绘画、写作、外语、下棋、唱歌、跳舞、演讲、交际、某种技艺、吃苦耐劳的特性、硬骨头的创业精神、机灵、幽默……从自己的优势中找出对方不如你的项目。看到成功者有不如你的地方，你的自信心就会增强。

总之，只要对信念的塑造方法有正确的了解，采取行动不断充实自己的知识，提高自己的能力，弥补自己的不足，增强成功的体验，我们就能增强我们的信念。

（二）执行力

成功的创业者都应具有坚韧的毅力，他们在危机四伏或四面楚歌之际，表现出"挽狂澜于既倒，扶大厦之将倾"的英雄气概。美国杰弗利·泰蒙斯在其《经营者的头脑》一书中说得好："真正的经营者不会被失败吓倒，他们在困境中发现了机会，而大部分人看到的只是障碍。"作为一个创业者，尤其需要勇于承受失败，并把失败化作再次奋起的动力。

坚韧的毅力主要表现为两点：

1. 坚持不懈

古人云："君子有恒，大事乃成。"这句格言说明了坚持不懈才能成功的道理。

在当今创办一个企业，幻想一夜暴富，几乎成了流行和时尚。事实上，每年都有成千上万的企业开张营业，但不幸的是，只有少数企业生存下来，而大多数企业则半途倒闭关门。所以说，创业者在创业的过程中，必须要有坚持不懈的精神，经得起时间的磨炼和困难的考验，才能最终实现自己的梦想。

2. 百折不挠

有一位企业家说过："顺境的美德是节制，逆境的美德是坚韧，而后一种美德是一种更为伟大的德行性。"充满传奇色彩的洛克菲勒也同样经历过挫折的打击，如果他在一次失败之后决定放弃，那他就不会成为今天的"石油大王"了。美国的史学家们对他百折不挠的品质给予很高的评价："洛克菲勒不是一个寻常的人，如果让一个普通人来承受如此尖刻、恶毒的舆论压力，他必然会相当消极，甚至崩溃瓦解，然而洛克菲勒却可以把这些外界的不利影响关在门外，依然全身心地投入他的垄断计划中，他不会因受挫而一蹶不振，在洛克菲勒的思想中不存在阻碍他实现理想的丝毫软弱。"

创业者的道路往往不是一帆风顺的，面对挫折和困难，创业者要以坚持不懈的精神和百折不挠的意志在困境中创造生机、在风险中抓住机遇，这样才可能成为一个真正能担当大任的出色企业家。

（三）竞争力

商场如战场，不进则退，要求创业者必须具有强烈的竞争精神，才能在这个领域里兴旺发达起来。不论对个人的成长，还是对企业的发展来说，竞争都是一件好事。同对手进行的殊死搏斗有助于增强你的斗志，提高你的水平。胜利、特别是轻而易举的胜利不会使你学到很多东西。只有竞争才能学到东西。当你回顾一生中获得的成就时，最值得你玩味的可能是克服了重重阻力获得的成功。保持强烈的竞争精神，在商战中永不言败，你将成为一位成功的企业创业者。

要竞争不只需要有强烈的竞争精神。敢于竞争，还要懂得如何竞争，从哪些方面进行竞争。

1. 审时度势

在激烈的市场竞争中，每一个经营者都必须具有审时度势的能力。战场上，指挥员必须要预知战争的进程，及时调兵遣将，分兵布阵；商场上则要商人们能够预测市场的发展趋势，及时调整生产经营项目，以求立于不败之地。

注重运用"审时度势",可以使你眼前"吃得饱",未来也"饿不着",总是站在市场的前列,并能够保证把有效的人力、物力和财力用到最适当、最需要的地方去,从而获得最佳的经济效益。

2. 发挥自身优势

正如十个指头长短不同一样,每个人都有着自己的优点和不足,但如能善于运用自身的优势,就能把不足转化为优点。

例如,发达国家大都早已进入机制食品阶段,然而我国仍然有许多食品是手工操作,这看似劣势和不足却包含着自己的优势,只是看你能否发挥了。像我国天南海北各具特色的民族风味食品,都是发达国家所没有的,许多中国人在海外正是靠经营这些食品站稳了脚跟,并获得更大的发展。

善于利用自身优势,发挥自身优势,在商业竞争中,就会使自己积极转化劣势,立于不败之地。

3. 兵贵神速

社会竞争,人才济济,强手如林。当机会到来时,很多人都会同时发现,几个竞争对手一同向同一个目标进击。因此,面对竞争激烈的商战,要获得好的效益,一般来说都是以快取胜。只有比对手领先一步,迅速占领市场,才能够以新、奇来赢得用户,快速销售自己的商品。

在激烈的商业竞争中,机会极其宝贵,一旦失去,就难以再来,而机会的出现,却很偶然,它并不会永远不动地等在那里。有些机会存在的时间很短,犹如白驹过隙,稍纵即逝,为此,必须及时快速出击,不能耽搁,不能迟疑。

4. 出奇制胜

打仗讲究出奇制胜,在商业竞争中,更是要讲究出奇制胜。随着现代化的不断发展,人们的消费心理也日益趋向"稀奇""独特",稀为奇、少为贵的现象将越来越突出。所以,要想超出众人,出类拔萃,就必须有一点"绝招",那就是在"稀奇""独特"上下功夫。

大千世界的万物都是变幻无穷的,只要善变,便会创造出一个又一个奇迹。所以,每个竞争者都必须学会并掌握出奇制胜的谋略,否则你就无法发现新路子，无法创造新项目，就会在一成不变中被淘汰。

5. 随机应变

在激烈的商业竞争中，新的情况，新的问题，意料之外的事，会不时地摆到竞争者的面前，这就要求竞争者要懂得应变的谋略。在变化面前反应迟缓，循规蹈矩，不思变通的人，迟早要被竞争淘汰；只有能灵活调整，及时改变自己方针和策略的人，才能够成为一名优秀的竞争者。

6. 以优质取胜

在竞争中，人们能够采取种种谋略取胜，但在这些谋略中，很多都不能保持长久。用得过多，就会失去它原有的效能。只有"以优质取胜"可以保持久远的效果，这就是日本产品为什么能够迅速占领世界市场的原因。

随着商品经济的不断发展，市场繁荣，消费者的购买心理也日趋成熟，他们舍得花高价钱购买优质实用的商品。像我国著名的茅台酒，虽然价格昂贵，但由于质量一流，仍然受到消费者的青睐。

（四）情报力

在经济迅速发展的社会，人们由于工作忙碌，对于身边事物变化的感受，逐渐减低了，变得迟钝了。环境的变化，包括自然的更迭、社会的改变和人事变迁，都是以人的感受力来判断的；没有敏感的能力，外界的变化一概不知，便无法变通，不能改进工作。

你可能认为，作为一位创业者，只要把大事做好，一些细小的东西由下属完成就可以了，那你就大错特错了。正确的结论应该是"不注意细节，做不成大事"。注意细节不仅只是你自己的事，而且对别人的事也要抓得非常细致才行。比较成功的创业者都知道，心思细致可以为你节省时间，使你办事准确。心思细致，注重抓住细节，可以使你养成做大事所需要的那种严密周到的作风。

但是，敏锐的感受能力与精细的意识并不是天生就有的，如何使自己达到这一点呢？这就需要不断地锻炼与培养，在实践中日积月累。

1. 多接触社会

有些企业老板容易将自己困在象牙塔内，只听下属的报告以及相信销售调查的结果。这种笼统搜集来的意见，往往与实际状况有一定的距离。

昔日皇帝微服出巡，发现民间疾苦的事例给我们以启示。

每个企业中都有不少趋炎附势的员工为了讨好上司，而不愿意将公司的真正情况相告，总是隐恶扬善。小小的瑕疵，如果积累下去，也能达到无可救药的程度。

从小处着眼，从最不可能的原因查起，往往有令你意想不到的结果。作为一个老板绝对不能整天坐在小公室内空想，只有多接触社会，增加见识，才能扩大眼界。

2. 勤阅报纸与杂志

依靠广播媒介传送的资料，无疑既方便又直接，也省了许多时间。但是广播媒介的缺点是资料大都较粗略，也省略许多细节。

也许你认为，有很多细节是无关重要的，也无须占大量时间深入研究，其实这是一种轻率的做法。

相比之下，报纸则要好得多。每天，不少报纸刊有经济行情，且图文并茂地解释股市的起跌原因、现状和前景；最重要的是从中可以探求其他公司的股票或社会状况，是否会影响股市行情，从而做出预测和预防。

每一时期都有一种特别的风气，只要加以留意，不难从中获得做生意的灵感。如20世纪80年代起，相继兴起电子游戏机、保龄球、看录像带的热潮。在那个时期，商人一窝蜂地开设游戏厅、保龄球馆、台球厅、影视中心；随着潮流过去，商人亦很容易将店铺改头换面，关键在于能否掌握消费者的最新动态。

可以说，报纸杂志与网络是把握消费动态的媒介之一。

3. 广交朋友

在今天这个信息爆炸的时代，过分依赖于文字资料会造成盲目接受信息的情况，也往往产生对事物先入为主的观念，使得结果与事实有一定差距。文字资料包括书本、杂志、传单、工作报告等，如未经进一步研究，盲目跟从是愚昧的行为。

所以增加信息的来源，除了通过大众传媒外，还要广交消费灵通的朋友,他们是接触层面较广,能提供最新的商业信息的人。

要多方面接收信息,上至上流社会,下至市井之徒,均要加以了解和结交。不断接受信息,便能不断地感受、接触更多事物,使自己的能力细腻,敏锐起来。

时下成功的老板,不少人以为自己高高在上,渐渐鄙视低下阶层的朋友,觉得与之交往会使上层人物取笑自己,或以为已不需要他们的帮助,忽略他们的存在价值,这是何等愚蠢的思想。

越是当老板,就越不能孤立自己。长久与下层脱节,眼光就越短浅,越不了解社会大众的需求。

一个人或几个人的思想和能力终究有限,广交朋友,接纳多方面的意见,这是一个开明老板所必不可少的。

(五)危机意识

生于忧患,死于安乐。

我们正处在一个飞速发展的时代,昨日的百万富翁,今天就可能成为街头乞丐;昨天的市场老大,今天就可能成为"老大难"。这样的例子屡见不鲜,松下电器公司就曾有过这样的事情。那是在真空收音机流行的时候,松下电器斥巨资进行技术改造生产出了相当省电的真空管,在市场上大受欢迎,公司上下充满乐观气氛。可是,一年半时间还不到,新的晶体管发明了,优于真空管收音机的晶体管收音机也出现了。如此,转眼之间,费资费力而研制的真空管失去了光泽,庞大的生产能力搁置了。

英特尔公司总裁葛洛夫有句至理名言:"唯有忧患意识,才能永远长存。"据调查,世界百强的经营管理者,危机意识都很强。

(六)心理素质

创业心理素质是指在创业实践过程中对人的心理和行为起调节作用的个性特征。是否具备良好的心理素质是一个创业者能否成功的关键。

我国的创业教育理论研究工作者将与创业活动有关的个性心理素质筛

选出十种，即独立性、敢为性、克制性、合作性、缜密性、外向性、适应性、坚韧性、道德感、义务感。在这十种心理素质中，对创业实践活动具有十分显著影响的是以下六种：

1. 独立性

思维和行为不受外界和他人的影响，能够独立思考、选择行动的心理素质。

2. 敢为性

有相当的组织能力，敢于行动，敢冒风险，并敢于承担行为后果的心理素质。

3. 坚韧性

为达到某一目的，坚持不懈，不屈不挠，并能够承受挫折和失败的心理素质。

4. 克制性

能自觉地调节和控制自己的情绪和感情，约束自己的行为，克服冲动的心理素质。

5. 适应性

能及时适应外界环境和条件的变化，灵活地进行自我调整、自我转换的心理素质。

6. 合作性

能设身处地为他人着想，善于理解对方、体谅对方，善于合作共事的心理素质。

这六种心理素质，它们交互作用、相互制约，在创业实践活动中发挥重要的调节作用。

（七）知识素养

"非学无以广才，非学无以明智。"对于创业者来说，知识素养更为重要，因为在实施领导行为的过程中，知识素养决定着领导者的思想观念和思维方式，而思想观念和思维方式又决定着行为方式。只有具备了广博的知识，创业者才能具备和提高自己观察分析、判断决策、组织交往等诸多方面的能力。所以说，知识素养是创业者的成功基础。

一个人的知识素养往往可以通过他受教育的程度来加以衡量。在当今政治、外交、经济、军事、学术、文化等社会各界的领导人中，受过大学教育的约占71.9%，大专占5.1%，中学2.5%，自学成才或学历不清楚者仅占2.4%。而且往往职务越高，受教育的程度也就越高。

中小企业的创业者必须有广博的知识。但这并不意味着创业者应当成为万能博士。事实上，在浩如烟海的现代知识海洋中，任何人也不可能通晓一切。如果对自己应具备的主要知识素养没有明确的认识，即使勤奋学习，也可能事与愿违。因此，正确理解和设计自己的知识结构，有利于创业者明确努力方向，提高自身素质。

企业家的知识结构应当由基础知识、专业基础知识部分构成。

1. 基础知识

创业者必须学习政府制定的有关中小企业方面的方针、政策，还要学习和掌握一些社会科学知识，至少要懂得这些学科的基本常识。此外，还要密切注视世界科技新成就、新趋势，以开阔自己的视野，明确创业的方向。

2. 专业基础知识

创业者的专业基础知识，大体上可分为两大部分，一是企业管理专业知识；二是成才创业知识。

创业者提高自己的知识素质应注意以下两点：

1. 知识要不断更新

当今时代瞬息万变，知识素养的重要性就更加突出了。在这个知识急剧爆炸时代，仅20世纪60年代10年间，人类的发明创造已超过过去2000年的总和，知识转化为直接生产力的过程大大缩短；加上新兴学科大批涌现，知识的陈旧率大大加快，作为企业家只有不断更新自己的知识，才能跟上时代的步伐。

2. 知识结构的合理化

知识素养也包括知识结构的合理化。如果把知识比作营养的话，营养本身是不能保证身体健康的,只有通过合理的营养结构才能达到健康的目的。没有合理的知识结构,即使学识再高也无济于事,甚至是危险的。

二、经营才能是创业者的基本功

要成为成功的创业者,首先要做一个成功的经营者,并具有出色的经营才能。所谓经营才能,是指创业者驾驭企业的能力。它是各种能力的集合体,是一个具有多种功能作用的,不同层次的集合体。它由核心能力、必要能力和增效能力三个层次组成(见表2-1)。其核心能力是创新;必要能力是决策、指挥、组织;增效能力是控制和协调。这种能力集合体,是由它的地位、作用与职责所决定的,也是创业者有效行使职责、充分发挥作用所应具备的主观条件。

表2-1　创业者经营才能结构

第一层次	核心能力	创新能力
第二层次	必要能力	策划能力、指挥能力、组织能力
第三层次	增效能力	控制能力、协调能力

(一)创新能力

创新能力就是经营者在生产经营活动中善于敏锐地察觉旧事物的缺陷,准确地捕捉新事物的萌芽,提出大胆的、新颖推测和设想,继而进行周密论证,拿出可行的解决方案的能力。通常说的"人无我有"的决策,"出奇制胜"的销售策略,都是创新的具体表现。

创新能力的形成,可以分成三个阶段:

1. 准备阶段

创新不是无中生有,也不是偶尔所得。它有一个从旧到新的渐进过程。经营者要想在自己的工作中有所创新,非从前人的知识和经验中吸取营养的启示不可。这个阶段包括积累知识、调查研究、发现问题、收集国内外资料、分析前人的经验等内容。在这个阶段中,有关企业生产经营活动的各种信息的收集、筛选、归纳、整理起着很大作用。更为重要的是,经营者必须站得高,看得远,视野开阔,把眼光投向未来,才能使创新的思维结出丰硕的成果。

2. 酝酿阶段

经过较长时期准备后,经营者在某一方面的信息已有相当多的积累和掌握,这时对于创新中的问题和困难,就要进行反复的思考。思考过程中需要经营者刻苦钻研,在深谋远虑上下功夫。

3. 确立阶段

经过较长时期的酝酿之后,一种新的观念、新的构思就会逐步形成。在中外企业经营管理的历史上,突发性的、富于戏剧性的创新是不乏见的。有的经营者在林间散步时,因见到某花卉,从而引起了改变产品的花色和款式的决策。有的经营者的一种新的构思甚至出现在梦境之中。有的经营者在出外旅游中受到启发,引出了管理上一系列的创新。这些都是事实。是由于企业家大脑中的潜意识未因日常活动而中断,一旦遇上了"契机",一个创新的观念就会跃然而出,好似在黑暗中见到曙光,给人以无比的喜悦。经营者在创新活动中的这种"领悟",并非一时的"灵感"所致,而是一种渐进过程的中断,一种思维的飞跃,是大量艰苦探索的丰硕成果。

创新能力是内在因素与社会因素相互影响产生的一种效应。管理心理学认为,一个人的创新能力与其个人的气质、动机、情绪、习惯、态度和观念,以及才能等各个方面有着密切的关系。富有创新能力的人,一般具有下列一些主要特征:

(1)兴趣十分广泛,对任何事物都有一种好奇心理,往往能从平凡中发现奇特,从习以为常的现象中找到异常之处,从细微中见到方向。

(2)对环境有着敏锐的洞察力,能及时找出实际存在和理想模式之间的差距,能察觉到别人未注意到的情况和细节,能不断发现人们的需要的能力,并巧妙地运用这些需要和能力的潜力。

(3)具有立体思维和辩证思维的特点,善于举一反三,触类旁通,能想出较好的点子和办法，提出非同凡响的主张。

（4）富于独立意识，对现成的事物不盲从，不人云亦云、随声附和，勇于脱出一般观念的窠臼。

（5）颇具自信心，深信自己所做事情的价值，即使遭到阻挠和非难，也不改变信念，总是一往直前，义无反顾，直至成功。

（6）敢于面对常人无法忍受的困境，鼓足勇气，大胆探索，直到取得突出的成果。

创业者提高自己的创新能力，除了要致力于培养和提高自己的素质外，还要重视创新方法的学习和研究，这对激发自己的创新能力是大有好处的。

（二）策划能力

策划能力是经营者根据外部经营环境和企业内部经营实力，进行创意性的构想，是制定方案中确定企业发展方向、目标、战略的能力。

1. 发现问题的能力

这种能力与前述的创新能力不一样。创新能力是对尚未出现的问题进行设计、设想，对未来做出敏锐的洞察，对"明天"进行立体思维。而策划能力是对现实生产经营活动中出现的问题，运用各种理论知识和经验，作出判断并提出解决办法的能力。

2. 适应能力

企业中有许多问题，都是关系到企业发展方向的，往往需要综合运用多学科的知识，才能做好策划。这对经营者来说，应当敢于面对自己不可能具有多种专业知识的现实，增加适应能力，组织和依靠有关专家、学者共同探讨解决问题的途径。用组织能力去弥补技术能力的不足。经营者的这种适应性，是强化策划能力的手段之一。

3. 优化能力

一个优化决策，它既具有对实际的"足够低度"，使决策切合实际需要，又具有对权力的"足够高度"，使决策能有效贯彻。这两个"度"的交点，就是决策的"优化点"。经营者从多种可行性方案中进行抉择时，必须有掌握优化点的能力。同时，经营者还要认识到"优化"不是"最佳化"，而是"满意化"。在实际中不存在"最佳化"的理想状态，而只有接近于"最佳化"的状态。

4. 自检能力

策划付诸实施后，主客观条件仍在不断地发展变化。比如，当出现某种新的工艺技术时，就又可能引起生产经营上的某种突变。为了使策划能在动态环境中运用自如，经营者应不断对已做出的决策进行检验，并及时调整和修正，以保证策划的正确实施。

要有效地发挥策划能力，经营者要考虑做到一下五个问题：

（1）当一项决策摆在企业家面前时，经营者首先要考虑到这项策划所涉及的职权范围和限制因素，然后分辨出该由谁来作决定。

（2）经营者要考虑策划的价值。鉴别一项策划有没有价值的最好办法，就是反思一下，假如这个问题不解决，将会失掉些什么东西，这样很快就可以看出策划的重要性。

（3）经营者要考虑策划的时间性。策划的价值与策划的时间是有关联的，最佳时间的策划，就可以获得最大的价值。如果条件不成熟，就贸然做出决定和选择一项策划，那是冒险；条件成熟而拖延做出决定和选择，优势会转化为劣势，那会坐失良机。

（4）经营者要考虑策划的根据和后果。经营者在策划前，一定要亲自审查所掌握的情况、事实和资料，从而提高策划的科学性。同时，要考虑到一项策划带来的后果和反响，采用必要措施来补救一些策划的偏差面，克服可能带来的任何一点消极的因素。

（5）经营者要考虑各个方案的利弊，做出正确的选择。经营者在进行策划时，要仔细衡量每一种方案的优点和缺点，进行利弊分析，把握亏损和获益的准确数据，运用现代科学方法，从中选择出最优方案。

（三）组织能力

组织能力，是指经营者为了有效地实现企业目标，运用行之有效的手段，把企业生产经营活动的各个要素、各个环节,从纵横交错的相互关系上,从时间和空间的相互衔接上,高效地、科学地组织起来的能力。经营者这种组织能力的发挥,可以使企业形成一个有机整体,并保证其高效率地运转。

作为中小企业的经营者,其组织能力,包括以下几项基本的内容。

1. 组织分析能力

指经营者对企业的现实状况,依据组织理论和原则,进行系统分析的能力。这种能力使经营者能够对企业现有组织状况的效能进行全面分析,对其利弊进行正确的估计,能够找出现有组织结构的问题。

2. 组织设计能力

经营者要善于从经营管理的实际出发,以提高企业组织管理的效率、效能为目标,对企业组织机构的基本框架进行设计。框架设计要求经营者考虑整个企业设立几个系统,设置几个层次,主要部门的上下左右关系等,根据框架设计,再进一步完善各组织系统。

3. 组织改革能力

经营者的组织改革能力,包含两个内容:一是执行改革方案的能力;二是评价改革方案实施的能力。前者指经营者所在贯彻改革设计方案时,有引导改革行动的能力,使改革成为全体员工的自觉行为;后者主要指经营者对改革方案实施后可能带来的利弊,进行正确评估的能力,以利于企业组织的日趋完善,组织的效能不断提高。

经营者要有效地发挥组织能力,要注意:

(1) 要把企业组织看成是一个动态概念。人们往往把"组织"看成是建立一套固定的机构或部门,一旦创建以后,就万事大吉。这种看法,极不利于经营者组织能力的发挥。组织是个过程。经营者的组织能力必须随着企业经营环境的变化而变化,必须与企业经营目标相适应。如大批量生产转到小批量、多品种生产,无论在职能部门和生产部门都会发生较为明显的变化,机构和生产流水线都将会重新调整和组合。

(2) 要集思广益地设计组织改革方案。一个完善的组织改革设计方案,不可能由经营者关在小房间里冥思苦想出来,就是想出来了也是很难实现的。经营者的任务就是根据生产经营活动的需要，拟订出组织改革方案的基本框架结构，其中每一个部分、每个细节，则必须依靠各个主管部门负责人共同思考，共同设计；还必须发动全体职工为改革组织结构献计献策。这样做，经营者就能集中全体职工的智慧和创造力，使设计方案更趋完善。从实践来看，最好请一些企业外面的专家或咨询机构，来企业中"会诊"，以便找出问题，避免走弯路。

（3）创造一个有利于改革企业组织的气氛。在企业组织后面，都是人的活动，经营者要发挥自己的组织才干，必须经常教育员工树立组织改革的观念，使他们充分了解组织改革的重要性，以减少改革中的抵触情绪，在企业内部创造良好气氛。

（四）指挥能力

是指经营者在生产经营活动中，运用组织、权限，按照经营目标的要求，通过下达命令，对下属进行领导和给以指导，把各方面工作统筹起来的能力。

1. 正确下达命令的能力

命令，是指挥的一种手段。没有命令，也就说不上指挥。不能正确下达命令，就无法有效的指挥。所谓"正确下达命令"，包括两层意思：一是强调下达命令内容的正确性；二是强调下达命令方式的正确性。

经营者下达的命令，必须前后连贯，命令之间不能相互矛盾，朝令夕改，弄得下属无所适从。

2. 正确指导下属的能力

经营者要使自己的命令能切实贯彻执行，除了命令本身的正确和下达命令方式的正确外，还有一个很重要的方面，那就是要正确指导下属，使下属的经营行为，符合经营者命令的要求。这是令行禁止的重要保证。

经营者正确下达命令的能力，是强调指挥能力的单一性；而经营者正确指导下属的能力则是强调指挥能力的多样性。因为经营者面对不同类型的下属，由于这些下属的年龄、修养、性格、籍贯、学历的不同，各有各的特点，必须对他们采取"因人而异"的指导方式和方法，从而使每一个下属对同一命令有统一的认识和行动。对于经营者来说，坚持命令单一性和指导多样性的统一，是其指挥能力的基本内容。

经营者有效地发挥指挥能力的标志，是下属是否真正服从其指挥；是内心服从，还是表面服从。一个经营者，有了指挥权，不等于就能有效地发挥指挥能力。在现实经济生活中，下属对经营者指挥的态度常常有这样一些情况：

（1）不服。在中小企业中有少数员工，对企业经营者的指挥，无论从内心到表面，都表示出不服气。

（2）慑服。在中小企业中有部分员工，由于老板独掌大权，怕长不了工资，怕"炒鱿鱼"，因此不管企业经营者指挥正确与否，在表现上都是服从的。而当经营者不在场时，往往就会另外一个样，牢骚满腹，意见一大堆。

（3）佩服。中小企业中大部分员工，因为老板懂行，当生产经营上发生问题时能把原因说得清清楚楚，能把责任分得明明白白，对什么都认认真真，因而对其十分佩服，感到在这种老板的手下干事，就得认真，来不得丝毫差错。在这种情况下，员工虽然心理上是紧张的，但又是佩服经营者的。

（4）悦服。如果经营者不仅在生产经营上懂行，而且在日常生活中严于律己，宽于待人，对员工既严格要求，又热情关怀，这样，在经营者行驶指挥权时，就会出现一呼百应的局面。这时，员工接受经营者的指挥是主动的、心甘情愿的。所以，经营者指挥能力有效发挥的关键是必须确立以人为本的管理思想，彻底转变"见物不见人"的传统管理观念。唯有如此，才能提高经营者指挥能力的有效性。

决策能力、组织能力、指挥能力这三种能力是经营者的必要能力。其中决策能力是核心，由于各种原因，目前经营者的决策能力比起其他两项能力要低一些。因此，经营者更需要下功夫迅速提高自己的决策能力，以适应中小企业在未来新的经济环境下持续发展的需要。

（五）控制能力

控制能力，是指经营者运用各种手段，来保证企业经营活动的正常进行，保证经营目标如期实现的能力。

1. 自我控制的能力

自己做的工作，自己最明白。经营者要经常对各项工作进行反思，哪些做得及时，哪些没有做好，都要一并考虑并确定下一步如何进行改革。要做到这一点，经营者要对完成企业经营目标具有自我控制力，对自己的行为自我调整。同时，还要使自己的部属以及全体员工逐步具有自我控制能力，对自己的工作进行有效控制。

2. 发现差异能力

控制，是为了防止和减少差异现象的发生。因此，发现差异能力是控制能力的一项重要内容。发现差异能力，是指对执行结果与预定工作目标之间发生的差异，能及时测定或评议的能力。掌握发现差异能力，是改进工作的开始，是工作能力提高的表现。这对于经营者来说，尤其重要。因为经营者如果不具有对实现经营目标过程中出现的差异的发现能力，那就无法控制全局，从而使企业遭到严重损失。

3. 目标设定能力

差异，是现实与目标之间的距离。如果目的不明确，也就说不上什么差异了。经营者要实现有效控制，就要具有目标的设定能力。设定目标，必须是定性与定量相统一。只有定性，没有定量，就难以将目标与实际结果相比较，就没法发现二者之间的差异。企业经营管理活动中虽然有些工作极难定量，但大多数工作是可以定量的。因此，经营者只有做好数的定量化、质的定量化、时的定量化，才能使"按质、按量、按时"完成经营目标有成功的保证。

要有效地发挥经营者的控制能力，必须做好以下三点：

（1）要全面加强企业的各项基础性工作。制定企业管理的各项指标，健全各种工作规范和技术规范，整理各项原始记录和统计报表，使企业的生产经营活动在科学管理基础上得到有效的控制。

（2）要建立一个完整的企业信息管理系统。没有全面、准确、迅速、明白的信息，企业的生产经营活动就难以控制，更不用说有效控制了。这个系统要为不同层次的人，提供不同的信息。而且要提供优化的、准确的、经过筛选后的信息，这样才有利于控制工作质量的提高。

（3）要提高全体职工的责任心。实现有效控制，要靠企业的管理者和员工都实现个人自我控制。如果没有对事业的高度责任心，即使有再好的管理信息系统，运用再现代化的手段，也是不行的。因为"输入"进去的是不正确的数据，通过"转换"，"输出"的也只能是不可靠的"信息"，这对控制根本就不起作用。

（六）协调能力

是指解决各方面矛盾，使全体员工为实现企业经营目标，密切配合，统一行动的能力。

1. 善于解决矛盾的能力

企业内部人与人之间由于职责分工上、工作衔接上和收益分配上的差异以及认识水平上的不同，不可避免地会出现各种矛盾。处理不好，有时矛盾还会激化，会对完成企业经营目标的整体行为，带来消极的影响。因此，经营者就应该善于分析矛盾的原因，掌握矛盾的主要方面，提出解决矛盾的对策。

2. 善于沟通情况的能力

企业内部在生产经营活动中出现不协调现象，往往是由于信息闭塞、情况没有沟通。为此经营者应该具有沟通情况、交流思想的能力。这一点，在协调管理层之间的关系上，尤为重要。作为经营者是通过他的部属集中指挥、统一领导企业的生产经营活动的。因此，经营者与他们要经常通气，沟通思想，交流感情，在统一认识的基础上统一行动，才能更好地发挥经营者的各种能力。

3. 善于鼓动和说服人的能力

要使企业的全体职工都能为实现企业的经营目标奋发努力，经营者应该具有"晓之以理,动之以情"的鼓动和说服能力。为此经营者还需具有一定的演讲技能和谈话能力,既要从理论和实践上讲清道理,力求深入浅出,通俗易懂,又要以真挚的热情,感染和打开别人的心扉,给人以激励和鼓励,催人向上。

强化协调能力要注意的问题。首先,要认识协调的本质是对人际关系的协调。经营者要重视人的各种心理需要的研究,在工作中对职工合理的心理需要,要创造条件,给予满足。其次,应该是坚持以下原则:即协调与控制相统一;说服教育与批评处分相统一;精神激励与物质奖励相统一;原则性与灵活性相统一;个性与共性相统一。只有这样,才能使自己的协调能力得以有效地发挥。

三、知识就是创业资本

"知本创业者"是近年来涌现出来的一个时髦的新名词。那么,什么是知本创业者?他与普通的知识分子又有什么区别呢?

掌握一定程度知识的人,即一定程度知识的拥有者就叫知识分子,知识资本的拥有者则称知识资本家,知识资本是一种资本、是能带来价值增值(创造出比自身价值更多的价值)的资源。从这个分析我们便可看出知识分子与知本创业者的同与异,其相同点是同是掌握知识的人,相异点是一方能使自己的知识创造更多的价值,而另一方只有知识本身。它没经过资本的运动。

美国的硅谷是知本创业的发源地,也是知本创业者的摇篮。在那里,拥有一种浓郁而独特的人文氛围,那里的创业者大多数是年轻人,在他们身上闪现着硅谷独有的人文精神,这种精神也正是当代知本创业者所应具有的特质。

(一)崇尚知识

知本创业者的首要条件就是要拥有知识。知识是衡量一个人价值的主要标准，不管你毕业于哪所大学，不管你出身门第的高低、不管你来自何方，只要有知识加上辛勤劳动，就能得到丰厚的回报。

值得注意的是，知识有两种。其一为一般性的知识，其二为专业知识。不论一般性的知识为数有多庞大，种类如何繁多，在累聚财富时，只有一点点用处。大学里的教授集各式的一般知识于一身，但大多数教授却没有太多钱，他们专精于传授知识，但是并不擅长使用知识，或者组织知识。

知识不会自动引来财富，除非加以组织，并以实际的行动计划精心引导，才能达到累聚财富的确切目标。很多的人不了解这个事实，所以误信了"知识就是力量"，他们的误解正是混淆的根源所在。其实，知识只不过是"潜在的"力量而已。只有在经过组织之后，变成了确切的行动计划，才能导向确切的目标。

中关村、硅谷、华尔街的成功者都是以专业知识作为其发展的基础的。

（二）宽容失败

不少创业者认为，失误或项目半途而废是一种耻辱，会断送自己的前程，因而做事谨小慎微，不敢冒半点风险。然而，知本创业者却并不这样认为，他们觉得：失败没有关系，人在成功时是很难学到东西的。他们敢于冒险，也敢于失败；在失败中学习，在失败中获得新生。巨人集团的创始人史玉柱就是一个很好的例子。在硅谷，不只是允许二十几岁的企业家冒险，风险投资家也不介意支持那些曾经有过失败经历的企业家。推崇的是奖赏敢冒风险的人，而不是惩罚那些冒了风险而失败的人。

（三）容忍混乱

速度快、产品周期短是知本创业的特点。而正由于此，培育了知本创业者具有一种能很快适应变化与混乱环境的独特素质。

当然，这种"混乱"是一种创造性的混乱，而不是"和尚打伞，无法无天"。知本创业者虽然个性极强，却易于合作。他们往往通过电子邮件交流思想，设法将事情办得完善，强调相互配合，极少官场习气。变工作为乐，而不是变工作为苦，把工作视为理想的、让人喜欢的东西。

（四）视己为敌

知本创业者极富进取心，习惯于激烈竞争。他们不喜欢在总结和宣传自己的成绩，而是寻找自己的弱点，以更好的创意取代原先的设想，以更好的产品击败自己原有的产品，即以"吃掉自己的幼崽"的精神来对付自我，对待事业。正如大型软件公司西盖特技术公司董事长艾伦·舒加特所言："我有时觉得，有朝一日，我们会在早上推出一种产品，而到天黑时就宣布它已寿终正寝。"从而将自己视为最激烈的对手与竞争者，在不断超越自我的过程中保持领先地位。

（五）急流勇退

不做"终身制"的牺牲品。热情，对自己的使命充满坚定的信念和力求尽善尽美，这是事业初创时需要的特质，但这对于事业发展比较成熟的情况却可能不太适应。而且经过一段时间的发展，初创者的素质和水平也许与当前的状况开始出现较大差距。正是基于这种情况，在硅谷，仍在管理自己参与创建、如今已有数十亿资产的公司的人寥寥无几。当事业发展到一定阶段，不居功自傲，视为己物，而能急流勇退，另请高明者来打理企业经营乃是明智之举。

（六）不懈创造，追求壮大

知本创业者将实现宏伟目标视为工作动力，从而保持一种良性的不中断的食物链，使大家保持一种不懈的工作热情和积极性。

在哪里创造财富，就把财富留在哪里。一个公司收益后又投入在下一代新建公司之中，而不随意挥霍甚至穷奢极侈。花钱去买新发明，吸收新公司实验室中正在研制的东西。有的不惜代价争取市场份额，为下一步的发展创设基础。

独特的人文精神是知本创业者成功的保障。在朝着知识经济迈进的过程中，我们青年创业者不注意塑造合乎时代要求的人文精神，不具有知本创业者的特质，就不可能在知识经济时代背景下取得事业的成功。

四、怎样才称得上是企业家

从创业者成为企业家是一个质的转变，也是创业者成功的重要标志。

那么，怎样才称得上是企业家呢？

企业家是优秀企业领导人（包括优秀的投资者、优秀的经营管理者等）的简称。在小企业中，由于投资与经营往往合二为一，业主兼经理的企业家居多。在规模较大的企业中，企业家可能是企业的大股东，也可能是核心董事或高级经理人员。这些人之所以被称为企业家，是因为他们具有所谓的"企业家精神"。

（一）企业家的产生和作用

在市场竞争中，企业产品的技术特性只是生存的客观基础。能否在竞争中真正站住脚，关键是看企业决策与管理的水平。企业家是企业最宝贵的财富，也是更稀缺的资源。企业家不是天上掉下来的，也不是上级委任或自封的，而是在激烈的市场竞争中涌现出来的。创业者往往以中小企业为起点，并在企业发展中得到锻炼。

1. 中小企业是培养企业家的摇篮

企业是企业家的舞台与天地。创业者能否成为优秀企业家，除要具备本章后面所述的企业家精神外，最关键的是有能够发挥其才华的场所。尽管大型企业的领导者最容易成为企业界的领袖，但是中小企业却是企业家成长的摇篮。这不仅仅因为中小企业数量众多，是创造企业家的土壤，更主要的是因为中小企业的高失败率，将那些不能适应市场的企业淘汰出局。据国外调查，50%以上的企业开办不到五年就倒闭了，另外的25%仅存活不到10年（参见表3-2）。那些能够创造与把握机会的企业家，则有可能把小型企业发展为骨干企业或大型企业。事实上，许多优秀的企业家，都是随自己创办公司的发展壮大而同时成名的。企业的发展史，就是企业家成长的最好证明。

表2-2 英国2003年倒闭的65280家企业寿命分布(%)

企业寿命	制造业	批发业	零售业	服务业	各类企业合计
<1年	7.8	7.7	12.0	14.9	10.0
2年	13.0	12.5	15.9	12.7	12.4
3年	11.3	11.3	13.7	11.2	11.4
4年	9.9	9.5	10.1	8.9	9.4
5年	7.0	8.4	7.6	7.8	7.5
0~5年合计	49.0	49.4	59.3	55.5	50.7
6~10年	23.3	25.5	22.0	24.6	24.6
>10年	27.7	25.1	18.7	19.9	24.7
总计	100	100	100	100	100

2. 企业家对企业成长的作用

根据企业的生命周期与不同发展阶段，企业家的作用也是不同的（见图2-1）。在策划期，创业者、发明者的作用是至关重要的；在创建期，企业的发展计划者、组织者的作用日益突出，这既可以是创业者本人，也可以是企业内部的管理者；在成长期，企业新产品的开发与实施是中心环节；在成熟期，企业家才能的发挥主要体现为行政管理者与公司资产运营者的成功决策与实施；在蜕变期，继承者与重组者的角色更加重要。

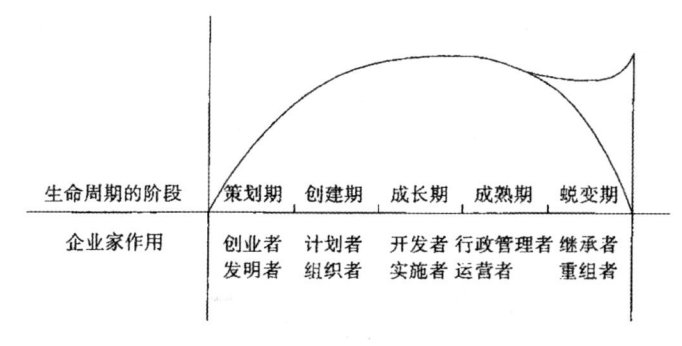

生命周期的阶段	策划期	创建期	成长期	成熟期	蜕变期
企业家作用	创业者 发明者	计划者 组织者	开发者 实施者	行政管理者 运营者	继承者 重组者

图2-1 企业生命周期中企业家的作用

(二)"企业家精神"的自我培养

什么是企业家精神呢？简而言之，就是企业家所独有的、与众不同的素质和品格。创业者要想成为一个真正的企业家，就必须注重"企业家精神"的自我培养，这也是本章所要阐述的重点。

1. 热情

热情是企业家之所以成为企业家的基础，是企业家成功的基础。热情有几个同义词：献身、活力、热诚。埃默逊说过，"没有热诚，就没有一件伟大的事业会取得成功。"黑格尔也说过，"没有热情，世界上没有一件伟大的事能完成。"

美国的《管理杂志》曾公布了一个研究结果。他们采访了两组人，第一组是高水平的人事经理和高级管理人员，第二组是商业学校的毕业生。研究人员问他们，什么东西最能帮助一个人取得一个"好工作"，两组人的共同答案是：热诚。很明显，一个推销员，虽然他只有限的专业技术和不多的专业生产知识，但他有明显的感人的热诚，与那些有良好的推销技术但缺乏热情的推销员比，他的销售额肯定要多得多。

创业者也是有血有肉的凡人。在创办、经营管理和发展企业的过程中，他不可能时时刻刻都充满热情。然而，要将自己培养成一个真正成功的企业家，热情却必须始终如一地具备。那么，当有时缺乏热情的时候怎么办呢？康恩和泼拉脱开出的处方是运用意念法，即此时可以想象你过去的成功，在精神上去再现这种经历，注意当时的感觉与神态，包括身体与精神状态。思想会产生感情，感情产生行动。这样重复意念将产生身体与感情的变化，从而会使你的精力更旺盛。这种旺盛的精力会转化为对工作的更大的热情。这一过程，无疑是创业者战胜自己，自我培养和自我塑造的过程。

2. 坚韧

"不积跬步，无以至千里""千里之行，始于足下"，我国的这些古老的格言表明了这样一个真理：要取得成功，要达到目标，就应该坚持下来，绕过一道道弯，淌过道道险滩，百折不挠，坚韧不拔。

第二章　看清自身条件再创业

在一次钢琴演奏会结束后，有位女士对贝多芬说："我多么希望也能弹得这么好，我多么希望生下来就有你弹钢琴的那种天才啊！"贝多芬回答说："假如40年来，你像我一样，每天弹琴八小时，你也能成为这样的天才。"坚持就是胜利，坚韧不拔才能成功。

坚韧是企业家必备的品格。研究表明，所有企业家的共同点，是对创新的系统实践的献身精神，而不是某种人品。企业家的成功，取决于他坚持不懈地努力实践和探索。探索最好的合作关系，探索最好的生产方式，探索最好的市场等等。

创业者要自我培养和塑造坚韧的素质，必须注意有这样两点：一是自己试图达到的目标，二是克服困难和失败的决心。应该把没有成功的每一次尝试，当作接近目标的每一个台阶。

3. 乐观

乐观与坚韧是手拉手的一对好朋友。企业家要具备这样的精神，当你向他泼冷水时，他的心还是热的，推动他前进。对企业家来说，乐观是克服摩擦的润滑剂。

我们说企业家所具备乐观的精神，并不是说他应该在所有的时候都保持乐观，也不是说他不应该有一时一刻的消沉，因为这是办不到的。企业家应该具备乐观的精神，是指他关键要在总体上对生活保持乐观。乐观不仅有助于企业家的积极行动的产生，而且还有助于他的健康。

如何培养乐观的精神呢？一是在制订实现目标的行动计划时，可用自己的乐观的语言。二是当遇到困难和障碍时，不妨乐观地将它表达为"我们发现了一道有趣的篱笆。"三是经常保持微笑，尤其是在不顺心的时候，应该下决心对当天可能遇到的每一个人报以微笑。四是通过意念，把消极的思想从自己的无意识中排挤出去，代之以积极的思想。想象暴风雨后的日出，想象大病后的初愈，想象茫茫沙漠中的一片绿洲。五是保持幽默感，幽默有助于乐观。

4. 创造性

这是企业家的灵魂。

所谓创造，是指综合两个或两个以上的主意、行动或可能性，去形成一个新的结果。创造性不仅是艺术家的王国，而且每一种职业，每一个行业都可以运用创造力。对于企业家而言，他要进行技术创新、市场创新和管理创新，创造性这一素质无疑是他必须具备的。事实上，企业家的创新活动就是其创造力的具体表现。

以一个小型环境清理公司的经理的推销方法创新为例，他给全国70家最大的化学公司的总经理寄送一张令人费解的、似是而非的照片。照片中的人身穿白色带头盔防护服———种清理有毒垃圾的专业人员的防护服，他正用长钳形夹子，从一个冒着蒸汽、泛着泡沫的污物池中小心地往外拉什么东西。将照片凑近眼前仔细察看，原来这人处理的正是这些总经理们在最近一次年会上向股东们报告的、亟待解决的问题。在照片的下面有一个短注："照片上的事可以避免，请打所附电话号码。"结果在短短两天内，70位总经理中就有24位给他打了电话，决定采纳他的服务。这就是这个小型环境公司经理的创新以及创新所带来的效果。

培养创造性，关键在于不拘泥于现实。同时，可以采取这样两个步骤：一是尽可能地开放思路，广泛地收集信息；二是留一段时间用来在无意识中酝酿新的途径，将几个已知的可能，组合成一种新的解决办法。

5. 适应性

适应性所表达的意思是一个人处理压力的能力。当改革或转变发生的时候，一个人处理压力的能力越强，他的适应性便越强，而一个人处理压力的能力越弱，他的适应性便越弱。

些能够创造与把握机会的企业家，则有可能把小型企业发展为骨干企业或大型企业。事实上，许多优秀的企业家，都是随自己创办公司的发展壮大而同时成名的。企业的发展史，就是企业家成长的最好证明。

企业家不仅具有适应转变的能力，而且能促进转变。他有参加冒险的能力，有走出他周围的、看不见的外壳的能力，有走出舒适的小圈子和"安乐窝"的能力。企业家不能做到这些，是不可能取得成功的创新的，他也不可能成为真正的企业家。因此，对"适应性"的培养是创业者自我培养的一个重要内容。成功的企业家知道，转变与冒险是互相伴随着的。对成功而言，转变与改革不仅是需要的，而且是必不可少的。应该不怕失败、对冒险采取开放的态度，这样才会使你更有适应性。巴契在《幻觉》一书中指出："毛虫称作为世界末日的，上帝叫它蝴蝶。"

当然，培养适应性以使它更强，并不是轻而易举的。因为要改变现状，要改变"安乐窝"，有时是很困难的。即使改变我们日常生活中的某种小小的习惯，有时也会感到不舒服。例如，你可以坐在桌前，随意将双手的手指交叉置于桌上，注意你的手指是如何交叉的，哪个手的大拇指，食指在上，是左手还是右手。接着，你有意改变你的手指交叉的位置。让另一只手的拇指和食指在上。你会感到第一次这样做时，还真有些不舒服。由此可以想象，企业家要改变现有的一切会是多么困难。

转变是困难的，然而转变的阻力还不是来自于困难，更主要的是来自于对转变的害怕，害怕尝试一些未经证实的东西。其实，有时害怕是虚假的证明貌似真实。事实上也许你所担心的结果永远不会发生，或者即使发生，也许也不会达到你所想象的程度。所以，创业者要培养自己更强的适应性，关键要克服害怕。

6. 精力集中

只有精力集中，才会更有效率。这正如激光的强大威力来自于集中一样。企业家处理的问题是现在的，状态和条件存在于现时。如你是企业家，现在参加一个会议，假如你的思想集中于现时的交谈和结论，你就会更有效率，更富创造性。

创业者要做到"集中精力于现在时刻"，就应该注意经常检查自己，就应该将思想高度集中于现在正在进行的事情，而不是去想过去的成功与失败，也不是去想将来的烦恼和可能。常常"跑神"者是难以成功的。克服"跑神"，做到精力集中于现在，可以通过一些诱因、暗示或信号来有意训练自己。经无数反复后，最后成了无意识的提示。你周围的环境或者你的身体或精神的某种活动，如打开公文包，一次深呼吸等，都可用来集中你的注意力。

7. 广集资源

广集资源是企业家所具备的一个重要素质，它是一笔巨大的财富，特别是在解决具体问题时，它显得非常重要。

资源包括人才、信息、精神和物质资源等。企业家拥有这一素质，能使他集合人才、金融资本、组织技能、材料、主意以及搞好各方关系，能使他听到有用的信息并重视和运用一般人会忽视的东西。

创业者在"广集资源"时，通常可采取两种办法：一种是做"有心人"，广泛留心记下你所遇到的各种有用的资源，常备有纸、笔或录音机。另一种则是"开放"自己，搜寻你无意心理中所有的可能性，并将它们记录下来。例如，你"开放"自己，设想你开拓某一市场时将遇到各种情况，每一种情况你将如何去对付。你将它们记录下来，它们就成了你所拥有的资源。一旦某天你真要开拓这个市场时，这些资源将对你很有用处。

有一个电视连续剧中描绘了一个受雇于政府专门完成特殊使命的人，他在每次事故中都能幸免于难。他所采取的方法其实很简单，这就是他注意搜集能救他生命和追捕及抓获坏蛋的资源。他的广集资源能力使他成功。创业者应该成为这样的人：寻找自己所需要的一切，并创造自己的机会。

8. 目标明确

目标，是指要达到的境地与标准。目标有高有低，有近有远，有虚有实，有大有小。每个人都有自己的目标，即使是一个终日无所事事的人，他也得考虑一天几顿饭怎么吃。当然，作为企业家，其目标与一般人是有区别的。要想获得成功，创业者的目标必须是有效而明确的。所谓有效，是指目标是经过努力，自己能够达到的，目标不是虚无缥缈的幻想。所谓明确，是指目标是具体的清楚的，既有具体的内容，又有具体的时间期限，甚至还有具体的中间目标。以世界著名企业家艾柯卡为例，他在24岁时就给自己定下了目标——35岁当福特汽车公司的副总经理。经过艰苦的努力，他终于在12年以后达到了自己的目标，取得了成功。他达到目标比预期晚了几个月，是在他36岁那一年。

海员中有句老格言，"船无目标，天无顺风"。如果目的地不清楚，就会浪费时间，航行不到需要去的港口。然而，如果目的清楚，虽然经过努力仍达不到，但对驶向它更有好处，总有希望。

制定目标应当高远，所谓"志当存高远"，但应该能达到，应该能发挥自己的长处。中间目标之所以重要，是因为中间目标完成时，有一种使你产生满足感的价值。达到中间目标会产生一种成功的习惯，会不断激励自己朝着解决问题和采取行动的方向去工作，这将使你与长远目标更为接近。创业者在培养"目标明确"这一素质时，可采取"个人合同"的形式，即可以将自己的愿望用清楚、详细的形式写下来，形成目标计划与达到目标的行动计划，不断地在实践中履行这个"合同"。此外，目标的完成，需要对目标持久的热情和兴奋。没有兴奋，缺乏激励，目标是不可能达到的。

9. 个人权威

个人权威，是指人们对其周围环境与条件的影响能力。每个人都有自己的个人权威，它与个人特有的品质、特点紧密相连。构成个人权威基础的东西，是自己的人格、合作者及自己控制的信息。这些因素使你能对某些后果产生影响并增加你的回旋余地。

企业家必须具有强有力的个人权威，唯有如此，他才能去影响他的下属，去影响任务的完成，去获得他所需要的东西。

一般的人所具有的个人权威，往往是短暂的。只有强者的个人权威才是持久的、永驻的。企业家的个人权威与常人的个人权威是有区别的。企业家的个人权威，可能来自于他的人格力量，也可能来自于他所具有的专门知识。所以，创业者的一个有效增加个人权威的方法，是列出自己的知识范围、专业、个人的经历、交往、人格和生活作风的优点，根据这个清单，可以设想各种可能扩展个人权威的方法。

然而，企业家的个人权威却更来自于他的自信和内定向。而这种自信和内定向，通常是通过自尊和自我感觉良好产生的。如感到自己不同凡响，感到自己是一个有价值的人，这样就不易被别人所左右，不易被别人的主意和期望所激动。企业家是那种从自己内部取得激励的人。他甘冒风险，是为了享受成功的欢乐；他努力工作，是为了享受工作的乐趣，因而，企业家的个人权威才可持久永驻。这一点，创业者在自我培养中，尤应注意。

企业家当然也需要外部激励，如社会对企业家的崇高赞誉和敬意、客观而公正的评价等。但对个人权威而言，外部激励仍是次要的，唯有自己的强大内部激励才更重要。

10. 严于律己

严于律己是企业家必须具备的一个重要的基本的品格。企业家之所以应该具有严于律己的品格，其 ，他们是企业的领导者，手中有一定权力，权力既可为公，也可谋私，只有严于律己，才能有益于社会。其二，现代企业是实行法制的企业，每个企业都有一套严格的规章制度用以约束企业的职工，以保证企业的正常运转。作为企业的领导者，企业家应该严于律己，遵守企业的规章制度，起表率作用。只有严于律己，才有利于企业的发展。

严于律己，最重要和最难做到的事是维持自己的感情平衡，企业家的地位和作用决定了他所承受的压力和冲击不同于企业的一般职工。企业家必须注重自身修养，提倡戒骄戒躁，讲究制怒，须知"小不忍则乱大谋"。

11. 勤奋好学

今天的时代是信息时代，作为一个企业家，要及时了解科学发展动向、把握社会观念的变化，以此来更新产品，改革体制，使企业在不断发展中立于不败之地。要做到这些，创业者必须学习，学习，再学习。

创业者如何进行再学习呢？他们认为主要靠自学。创业者应该根据企业家经营管理必须具备的知识结构要求，不断地自学。同时，自学应该讲究方法，除直接挤时间阅读外，还可以向专家、行家请教，同他们交流；还可以在社会实践中读"无字书"。在某种程度上讲，读"无字书"比读有形书更重要。总之，创业者绝不能吃老本、凭经验经营管理企业，更不能故步自封，观念保守。只有勤奋好学，不断地再学习，企业才能保持旺盛的生命力。

12. 有效的时间管理

时间是一种最贵重的东西，它不能买卖，不能拉长，也不能拒绝或者停止。对时间的运用要有智慧，要仔细考虑。我们经常讲节约时间，其实，节约时间，实际上是说如何使时间的利用更有效。

事实上，有效的时间管理是企业家最不可缺少的素质。所谓时间管理，就是企业家能更有效地运用时间来达到他的目标。

企业家培养这一素质，可以采用如下方法：一是运用时间管理的80对20的规律。即尽可能用20％的努力，取得80％的成果。尽量避免用时间的主要部分去做那些耗时又低效的，且与自己目标关系不大的事情或项目。二是用"紧急治疗类选法"安排日、周、月的活动。"紧急治疗类选法"是医院在战时或其他紧急医疗情况时，为了挽救最多的生命的一种方法。这种方法就是：将那些即使进行大量救护工作但生存希望极小的重危病人，放在最后处理；而将需要中等救护工作但存活率高的病人放在最先处理。与此相似，企业家可以分选日、周、月的活动。最先照顾那些能直接影响自己完成目标的行动和情况；其次照顾那些对目标完成有相当影响的行动和情况；最后才用剩余时间处理与目标完成关系极小甚至完全无关的行动和情况。三是保持行动的倾向。在目标具体明确时，就付诸具体的行动。

企业家精神的培养绝不是一蹴而就的行为，而是一个渐变的过程，创业者必须要明确这一点。

第三章　决策要适应创业环境

所有的创业者都会面临着由环境所提出挑战和环境所提供的时机。中小企业创业要成功，就必须有效地应付各种外部环境的变化。

每一位创业者都可能要面对这样的现实：一方面要求他们迅速、果断地做出决策，一方面却又使他们很难做出决策。任何一种环境因素都会对企业产生影响。创业者对此决不可掉以轻心。

一、宏观环境决定企业的生存和发展

中小企业创业的宏观环境，主要包括经济环境、政治法律环境、科学技术环境以及社会文化环境。

（一）经济环境

经济环境是指国际和国内经济形势和经济发展趋势，构成企业生存和发展的社会经济状况和国家的经济政策。宏观经济环境是一个多元动态的系统，主要由社会经济结构、经济发展水平、经济体制和宏观经济政策等四个要素构成。这四个要素相互结合整体地影响着企业的生存和发展。

1. 社会经济结构

社会经济结构又称国民经济结构，通常是指一个国家的产业结构、分配结构、交换结构、消费结构、技术结构以及所有制结构等等。其中产业结构最为关键。中小企业在制定战略时，要把握产业升级换代的方向和机会。一是进入大型企业放弃的产业和行业；二是进入大企业产业提升后需要提供配套服务与加工的环节；三是利用新技术、新需求开发新产品，从而推动中小企业的发展。

中小企业要利用社会分工和生产专业化提供的生存空间。在现代社会中，随着科学技术的进步，生产的专业化分工由部门专业化发展到产品专业化和零部件生产及工艺的专业化。分工和专业化意味着生产者并非无所不能，必然为其他生产者提供生存空间。另一方面，因为生产者并非无所不能，即使是大企业，它的发展也离不开其他企业为其提供产品或服务。中小企业要加入社会分工和专业化的行列。

中小企业还要利用大型企业不会，也不能进入的产品部门，如劳动密集型产品、传统手工艺品、日常生活用品等发展壮大力量。

另外，中小企业也要利用新技术、新能源、新材料开发新产品，占领新市场。中小企业拥有技术创新优势，且技术创新效率高。中小企业具有很强的技术创新能力。德国2/3的专利技术归属于中小企业。美国的技术创新，50％以上是由小企业实现的。20世纪的飞机、光纤监测设备、以及起搏器、光学扫描器、个人计算机等都是小企业发明的。同大企业的多层次等级结构相伴的低效率相比，小企业技术创新的驱动机制较为有效，创新要求较为迫切，创新成本较为低下。所以，尽管小企业的研究开发资金大大少于大企业，但它们所起的创新作用却远远超过了其自身的规模和财力方面的限制。小企业单位研究开发投入产生的专利发明比大企业多几倍。而在技术革新方面，小企业的表现更为突出。

2. 经济发展水平

中小企业通过对经济发展水平的分析，可以把握经济发展的总趋势，合理确定其发展战略。

中小企业的规模小，反应灵敏，经营灵活，随时可根据外部市场情况的变化迅速做出决策，能够出奇制胜，避免延误商机。此外，中小企业往往都是立足于地方经济，更加贴近当地消费者，熟悉消费者的各种需求，而且相应的营销手段也较灵活。中小企业在满足消费者多样化的产品和服务需求方面，有不可比拟的优势，包括一些特种产品，如特种食品、特种纺织品等。这在美国的钢铁业也得到了证明，在大钢厂纷纷瓦解、难以为继的时候，小规模的"微型钢厂"却因满足了顾客的特定需要而"红红火火"。因此，各地的中小企业应根据当地的经济发展水平和居民生活习俗，生产适销对路的产品。同一产品在经济发达地区和经济落后地区的境遇会大不相同，在农村和城市也会有区别，因此，中小企业在选择产品和产业时，要考虑不同地区的收入水平差异以及消费习惯的影响。

3. 经济体制

经济体制是指国家组织经济的形式。它对企业生存与发展的形式、内容、途径等提出了系统的基本规则与条件。中小企业创业者应准确地把握我国经济体制改革的基本方向，及时建立起适应新体制的思想观念和行为方式。

一般而言，中小企业与竞争相联系，而大企业总是趋向垄断。国外实行大企业与中小企业的差别管理，符合市场经济的竞争规律，有效地保护了公平竞争的环境。而现阶段我国中小企业的发展，对我国这个处于特殊过渡阶段的社会，其意义不仅仅限于经济方面的贡献，更重要的通过它充分发展而带来的市场文化观念的积累和法治环境、民主政治的增强。因此，我国从体制上能够支持中小企业的发展，中小企业应利用这一体制背景发展多种类型和性质的经济，保持其在市场竞争中的优势。

4. 国家经济政策

经济政策是指在一定时期内，为达到国家制定的经济发展目标而制定的相应战略与策略，包括全国经济发展战略和产业政策、分配政策、价格政策、贸易政策、劳动工资政策、财政与货币政策等。

中小企业在生产经营过程中，一定要接受国家经济政策的指导。国家的经济发展战略和产业政策往往规定哪些产业受到支持和鼓励、哪些产业受约束和限制、哪些产业是禁止发展，哪些产业没有进入壁垒以及产业的地区引导。中小企业要在产业政策的指引下进行选择。中小企业要弄清国家对原材料采购和产成品销售的规定，利用好国家对一般中小企业的税收优惠和资金融通支持。尤其是高新技术企业要弄清国家对高技术产品和行业的规定，充分利用国家的政策支持发展民族高科技企业。

（二）政治法律环境

政治环境是指制约和影响企业经营的各种政治要素及其运行所形成的环境，它包括国家的政治制度、政党制度、政治性团体、方针政策、社会的政治气氛等等。法律环境是指与中小企业相关的社会法律系统，包括国家的法律规范、国家司法与执法机关、企业的法律意识等。

政治与法律环境对企业经营的影响是广泛而深刻的，有时甚至是决定性的。例如，美国"9·11"事件不仅使本国不景气的经济雪上加霜，而且还波及全球经济，使不少国家遭殃。

所以说，一个国家的政治稳定、政策明确连续、社会的政治气氛宽松、政治清明、法律昌明，就有利于中小企业健康、稳定的发展。

西方发达国家都通过立法保护中小企业的利益。美国历届政府都对中小企业十分重视，早在1890年就推出了世界上第一部反垄断法《谢尔曼反托拉斯法》。此后于1953年正式制定了《中小企业法》，1958年又对其进行了修订，这项法律奠定了中小企业在国民经济中的地位，强调了扶持中小企业的必要性，形成了政府一直延续至今的对发展中小企业的基本政策措施。

加拿大联邦政府在1957年也颁布了《反限制竞争法》，提供了中小企业之间进行若干合作的便利，旨在提高中小企业的效率，而不致伤害中小企业参与的任何形式的合作，从而提高中小企业的竞争能力。1974年以来，各州相继制定了《中小企业促进法》。1976年联邦政府制定了《关于提高中小企业的行动计划》，从税收、经济和社会政策方面来减轻中小企业负担。

由于中小企业缺乏人才，管理水平相对较低，难以适应日益激烈的市场竞争。为此，各国政府都十分重视，并采取了相关对策，各种指导、培训、咨询项目相应而生。美国管理机构提供的帮助形式有咨询和管理训练两种。小企业管理局组织从大专院校和退休人员中招聘的经营管理专家，对小企业的融资、投资、管理技巧、市场营销、企业决策、技术进步、进出口贸易、人才培训等进行咨询训练。政府还以法律的形式，降低某些部门的进入条件，以帮助小企业在这种部门发展，并减轻小企业负担等。

近年来，我国政府已经意识到发展中小企业的战略意义，切实加大了对中小企业，特别是高新技术类中小企业的扶持力度，并陆续出台了相关的政策法规，对促进中小企业的发展起到良好的推动作用。

（三）科学技术环境

企业的科技环境是指企业所在社会环境中的科技要素及社会科学技术的总概括，主要有四个因素：社会科技水平、社会科技力量、国家科技体制、国家科技政策与科技立法。

（1）社会科技水平是构成企业科技环境的首要因素，它包括科技研究的领域、科技研究成果的门类分布和先进程度、科技成果的推广运用三个方面。

（2）社会科技力量是一个国家或地区的科技研究与开发的实力。

（3）国家科技体制是一个国家科技系统的结构、运行方式及其与国民经济其他部门的关系状态的总称，主要包括科技事业与科技人员的社会地位、科技机构的设置原则和运行方式、科技管理制度、科技成果推广渠道等。

（4）国家的科技政策与科技立法是国家凭借行政权力和立法权力，对科技事业履行管理指导职能的途径。

上述因素都会对企业的生产经营和管理活动发生多方面影响。

目前，世界范围内的科技进步速度加快，西方发达国家已开始进入知识经济时代的早期，知识的不断创新、科技的不断突破及其快速高效的商业化运用，使得发达国家的整个经济呈现出知识型、网络化趋势。在我国，"科技兴国"方针的逐步实施，必将从整体上深刻改变企业的科技环境，加速社会的技术创新，推动社会技术转移和现存产业的变迁。

中小企业应充分认识到科技环境变化给自己带来的机会，抓住这个机会，实现自己的技术进步与技术升级。

（1）中小企业在明确其技术战略的定位之后，决定其技术等级先进性和适用性，采用领先战略（高新技术企业）、跟随战略还是模仿战略，利用科技人才能够自由流动，科研成果能够通过技术市场以直接购买、合作开发等多种方式实现产业化的环境，充分挖掘企业的潜力。

（2）中小企业可以通过各种信息渠道获得技术信息，了解技术的先进程度与等级，掌握技术发展的方向，采取多种方式经济合理地利用专利技术，平等地参与技术市场的竞争，寻找适合企业的技术类型。

（3）中小企业要明确国家对企业自主创新的财税、资金以及加速折旧等支持措施，用足用活国家给予的政策，尤其是国家对中小企业给予的科技贷款。

虽然科学技术的发展可以给中小企业提供有利的发展机会，但也会给中小企业带来激烈的竞争。创业者应清醒地认清这一点。

（四）社会文化环境

社会文化环境是指一定时期社会文明发展的一般状况。在企业成长过程中，社会的文化环境始终影响着企业。因此，制定企业经营战略，决不能忽视文化环境对中小企业的影响。

1. 企业的社会环境

企业的社会环境包括社会阶层的形成与变动、人口结构与人口流动、社会权力结构、人们的生活与工作方式等因素。它们的现状以及变化必然会影响企业的经营活动。比如，交通发达导致人口分布与流动的变化，就会改变相关企业的商业活动条件；人们生活节奏的加快，为快餐业的发展提供了商机；知识经济时代人们工作与生活方式的改变，为教育与科技产业及其他服务业提供了广阔的发展空间，也对企业人力资源的培训与开发提出了更高的要求。

2. 企业的文化环境

企业的文化环境是指由哲学、宗教、语言、文学与艺术等要素构成的环境系统，它们对企业经营的影响多为间接方式，但却不容忽视。比如，一个企业要进入我国某个边疆市场，就必须遵守当地的宗教习惯及规矩，必须理解和遵守当地的风俗与禁忌。

对于有创业风险的高新技术企业来说，社会文化环境的影响更大。不少人认为发展我国民族高新技术产业欠缺的只是创业资金这一东风。事实上，风险投资并不是高新技术产业发展的灵丹妙药，它的正常运转需要很多条件组成的一个"生态环境"，在这个环境中，高科技开发和风险投资的结合只是市场行为，是高技术企业生存与发展的需要。文化氛围对其影响甚大。正如英国《经济学家》杂志所指出的，不要把硅谷看作是高技术产业，应该认为它是做生意的好地方，而所做的生意碰巧技术含量高；不要把硅谷看作是一种经济机制，而应看作是一个"生态环境"，它为高技术及风险投资的发展提供了合适的土壤和气候。硅谷的贡献在于制度和文化方面，源于经济学家约瑟夫·熊彼特所倡导的"建设性破坏"思想；优美之处在于它那种能够产生相互激励的文化结构，这包括对失败的宽容；对所谓"背叛"的宽容，即企业人员的流动和企业内部的不断分离；喜爱寻求风险；团队变化的热情；论功行赏；对技术的迷恋胜过金钱；合作精神；公司的多样化以及每个人都可以成功的信念等。

二、中观环境的媒介作用

中观环境介于宏观环境与微观环境之间，它是联系宏观环境与微观环境的媒介。中观环境包括两个方面：企业的行业环境；企业的地理环境。

（一）企业的行业环境

行业就是指按企业生产的产品或服务的性质、特点以及它们在国民经济中所起作用的不同而划分形成的工业类别。行业的划分通常根据产品的经济用途来分类，如汽车工业、食品工业等部门；或按使用的原材料或工艺过程来分类，如橡胶工业、金属加工工业、冶金工业、纺织工业等。

1. 行业的竞争结构

任何生存于某一行业的企业，都要面临或承受来自于五个方面的竞争压力，这五种基本的竞争压力是：新进入者的威胁、行业中现有企业间的竞争、替代品或服务的威胁、供应者讨价还价的能力、用户讨价还价的能力。这五种力量的现状、消长趋势及其综合强度，决定了行业竞争的激烈程度和行业的获利能力，进而决定了企业所在行业环境的性质。行业中面临的竞争来自以下五个方面：

（1）可能的新进入者的威胁。所谓新进入者，可以是一个新办企业，或者是一个采用多角化经营的原来从事其他行业的企业，这个新进入者给这个行业带来了新的生产能力，并要求取得一定市场份额。该新进入者对本行业威胁的大小，取决于该企业为进入新行业所付出的代价及其进入新行业后原有企业反应的强烈程度。

中小企业所在的行业不可避免会遭受新进入者的威胁，即使是拥有自主知识产权的高新技术企业也会遭遇模仿者的威胁。要有效地抵御和消除这种威胁，中小企业应做到以下三点：一是要生产出独具特色的产品，同时产品应有相对稳定的顾客群；二是要不断开发创新，寻找市场盲点，针对消费新趋势做出决策；三是要密切注视大企业的发展方向，为大企业生产提供零部件。

（2）替代品的威胁。替代品是指那些与本行业现有产品具有相同或相似功能的产品，如热水器可以部分代替保温瓶，人造革可以部分代替皮革。如果替代品的盈利能力很强。它对现有产品的压力（成本压力、价格压力）就大，就会使本行业的企业在竞争中处于被动地位。如果替代品生产者采取迅速增长的策略，也会构成对本行业发展的威胁。如果用户对改用替代品在经济上和心理上没有什么障碍，则替代品对本行业压力较大。中小企业面临替代品或近似替代品的威胁，主要加强自身产品的质量、外观、功能的改进，同时尽可能采取新材料、新工艺节约成本，增强企业产品的市场竞争力。

（3）来自用户的压力。用户要求本行业的产品价格更低廉，质量更好，提供更多的售后服务，这对本行业也会构成压力。产品竞争程度的差别给企业的压力不同，中小企业大多数处于完全竞争的市场结构之中，在实现供过于求的经济背景下，中小企业面临着来自用户和市场更大的压力。

（4）同行业中现有企业的竞争。在研究同行业中现有企业的竞争时，要研究行业中企业竞争的态势，辨别竞争的性质，这对于中小企业制定好自己的企业战略是至关重要的。同行业中现有企业竞争的目的是希望提高其产品的市场占有率，在激烈竞争的市场中取得主动地位。但中小企业要明确同业竞争者的竞争手段，如果是通过"破坏性的价格战"来扼杀对手，中小企业可以诉诸法律；如果是通过改进产品质量、售后服务、技术含量等增强竞争力。则应给予鼓励支持。中小企业面对竞争，关键是要提高自身产品的竞争优势。

（5）供应者的压力。指供应者在一定条件下有可能提高原材料或其他供应品价格或降低供应品质量或二者双管齐下，以谋取更多的利润。中小企业在此情景下，一是多渠道寻找原材料供应厂商；二是改进生产工艺，使用新材料；三是与材料供应商进行协商，解决材料供应过程中存在的问题。

实际上，现时我国中小企业存在不规范的市场竞争秩序。各地中小企业之间在相当大的范围内存在着低水平过度竞争问题。同类产品的企业之间为了争夺市场，竞相压价；而企业在为低价位时维持一定的利润水平，不得不偷工减料，降低产品质量。由于这种竞争不是在公平的基础上展开的，而是使用不正当的竞争手段进行的，其竞争的结果不是优胜劣汰，而是以资源的巨大浪费为代价的优劣并存，甚至是优败劣胜。此外，一些大企业利用自身的经济优势或假借政府的权势，以低于成本的价格销售其产品，来达到排挤中小竞争对手的目的。

2. 行业生命周期

行业生命周期是指从行业产生、发展、直到完全退出社会经济活动所经历的时期，主要包括五个发展阶段：策划期、创建期、成长期、成熟期、蜕变期。行业生命周期不同于产品生命周期，即使一个产品寿命终结，但它所属行业的生命还可能延续。

中小企业在制定战略时要识别企业所在行业处于其生命周期的哪个阶段，行业处于不同的生命周期阶段，企业战略也会产生很大的不同，这是值得注意的。必须指出的是，有些中小企业往往难以识别行业的生命周期及其变化趋势。一个行业在策划期至成长期时，企业往往看不到它的前景，或因技术制约抓不住该行业的早期发展机会，待技术已经公开、行业一片兴旺繁荣之时，企业才缓缓进入，而这时的市场已被其他企业占领了，这时应引起中小企业决策者的高度重视。

3. 行业的社会经济地位

一般说来，行业的产值、利税、吸纳劳动力数量在国民经济总量中所占的比重越大，行业现状与未来对国民经济整体的影响越大，市场综合竞争能力越强，行业地位也越重要。一般说来，行业产品的收入弹性系数比较综合地说明行业在社会经济中的地位。如果这个比值大于1，说明该行业在产业结构中能占有更大份额，有发展余地，地位重要。若比值小于1，说明人们的收入虽在增加，但对该行业的产品需求反而减少，说明这个行业地位下降，前景不妙。

4. 行业特性

可以从行业分工、行业在社会生产过程中的位置、行业所用资源和技术结构、行业的技术前景等方面分析行业特性。比如，从行业分工看，行业处于哪个层次；从行业所用资源和技术看，行业是属于资本密集、技术密集或是劳动密集型行业，等等。通过这种分析，有助于企业把握行业在社会产业体系中的层次、位置与特点，据以采取不同对策。

5. 行业中企业规模结构、数量结构、组织结构

行业内的企业规模结构通常有两种类型：一类是悬殊型，大企业很大，在行业占绝对领导地位，相比之下小企业很小，根本无力与大企业竞争，这种行业中竞争比较缓和；另一类是均衡型，在行业中大企业规模不够大，小企业规模也不是很小，行业内所有企业的规模与实力相当，行业内竞争激烈。

一般地说，行业内企业数量较多，说明市场规模大，进入该行业的障碍相对较小，行业内的大企业相对也少；反之，行业内企业数量较少，说明市场规模小，进入该行业的障碍大，行业内的大企业相对较多。

行业内企业组织结构主要分析行业内企业的联合状况，对联合与竞争的形势进行估计与预测。

6. 行业内市场结构分析

主要分析行业的市场供求状况，有供过于求、供求平衡、供不应求三种情况。一般地说，对供不应求的市场，进入者大量涌入，企业应注重如何形成优势；对供求平衡市场，企业应注重如何在激烈的竞争中巩固优势；对供大于求的市场，企业应考虑如何先人一步，寻机取得相对竞争优势或退出该行业。

7. 社会环境对行业发展的限制

一个行业在发展过程中，可能会受到某些环境因素的限制（如化工、制药、造纸、水泥等行业），应当防止由于企业的生产经营而对空气、森林、水源、地貌等自然环境的污染。

（二）企业的地理环境

制定企业经营战略，必须分析企业所在地的地理环境。对某些行业来讲，企业坐落的地区是至关重要的，坐落在农村还是城市，坐落在中国的东南沿海地区，还是坐落在中国的中西部地区，对企业的经营关系极大。企业的地理环境影响到企业原材料及产品的运输、销售、劳动力素质及企业的社会负责、生产的组织、信息的收集、科技开发能力等一系列问题。

企业所处的地理环境对不同类型企业的影响不一样。劳动密集型企业要综合考虑劳动力维护成本、原材料运输和产成品销售运输成本，才能做出合理的决策；材料或原料加工型企业要考虑的是运输成本，尤其是供应大中城市的鲜活产品或保质期很短的食品，其地理选位更为重要。对附加值高的高新技术企业，企业的研究、试制和生产加工位置要根据需要和成本原则进行选择。研究试制中心需要大量的信息、科技人才，因此，这些中心应设置在高智能密集区，而生产加工区则应择地而设，因为高智能区的地价昂贵。总之，企业选位的原则是依据可行和成本最小化。

三、控制微观环境，重视国际环境

微观环境是决定企业生存和发展的基本环境，除了企业能够直接控制的内容环节之外，在开放的经济条件下，企业的生存和发展还受到国际环境的制约。

（一）企业的微观环境

企业的微观环境是指企业生存与发展的具体环境，即与企业的人、财、物、产、供、销、技术、信息等直接发生关系的客观环境。创业者尤应重视对微观环境的分析，也就是要分析研究市场，市场对中小企业的影响十分大。

1. 顾客

顾客是企业产品和服务的购买者，包括企业产品或服务的用户和中间商。企业与顾客的关系，通常表现为服务与被服务、购买与销售、选择与被选择、争夺与被争夺的关系。因此要对顾客进行分析，了解顾客的需求内容、趋势及特点、顾客的消费心理、消费习俗及层次等。既要努力去满足顾客的需求，又要积极引导需求，创造新的市场。中小企业应针对不同顾客群体的消费心理，设计生产出不同的产品，如儿童消费群体喜爱的产品，外包装必须颜色鲜艳，并夹带式样不同的低值馈赠品；中青年消费群体求新求异，对新潮商品有独到的追求；老年消费群体更讲究实惠，价格竞争优势能够在这一消费群体中体现。

2. 供应者

供应者是指为本企业提供生产经营活动要素（人、财、物、信息、技术等）来源的单位。供应者的基本要求是与企业建立稳定、合理的交易关系并取得合理的利润。从我国实际情况出发，在资金紧张、能源及原材料紧张、劳动及技术供应也不理想的情况下，企业为获得低成本、高效用的资源，还应主动出击，与供应者之间建立起吸引与被吸引的关系。大多数中小企业面临的都是完全竞争的生产要素市场，中小企业应与供应者之间建立稳定的市场关系，同时注意新技术、新能源、新材料的发展趋势，为企业在市场竞争中取得成本竞争优势打下基础。

3. 竞争者

所谓竞争者是指与本企业争夺市场与资源的对手。他们或生产与本企业相同或相似的产品以争夺市场；或使用与本企业相同的资源，形成资源竞争的关系。从不同角度，可以把竞争者区分为直接竞争者与间接竞争者、现实竞争者与潜在竞争者等。

企业与竞争者的关系主要有以下三种：

（1）相互争夺市场与资源的关系。竞争双方争抢市场和人才、技术、资金、信息等资源，都企图获得更大的市场份额和更多的资源，还积极争夺潜在的市场和新的资源。谁占有了市场与资源，谁就有了长远发展的良好条件与稳定基础。

（2）相互削弱对方竞争能力的关系。这是一种破坏对方经营能力和对方努力维护其经营能力的关系。为对付这种竞争，企业应全面了解和研究竞争对手的长处和短处，了解竞争对手的经营思想、经营战略、经营计划、经营特点及作风等，从而明确本企业的竞争地位及相对优势，为本企业制定战略提供环境依据。

（3）与竞争对手相互妥协的制衡关系。有时，竞争双方若开展激烈竞争会造成两败俱伤的结果，企图削弱对方壮大自己也有困难，此时企业为了维护自己的竞争地位与竞争者之间通过谈判在某些方面达成协议，进行合作，从合作中双方都得到利益，这是一种协作型竞争关系。

中小企业的竞争者大多数属于第一种情形，企业采取的对策应立足于强化自身的实力，在产品、成本（价格）和销售等方面建立起竞争优势。

4. 同盟者分析

在企业经营中，对同盟者的分析是十分重要的。从不同角度来看，可将同盟者分为基本同盟者（全面与本企业合作）、临时同盟者（某时、某事、某方面合作）、直接同盟者与间接同盟者。现实同盟者与潜在同盟者、长期同盟者与短期同盟者等等。随着环境条件的变化，同盟者的立场、态度、行为及同盟程度都可能改变，甚至成为竞争者。因此，企业应对各类同盟者的状况、发展趋势及特点进行分析。中小企业往往能够与供应者之间建立同盟关系。

5. 其他微观环境因素

企业还应对运输部门、外贸部门、上级业务主管部门、财政、税务等部门进行分析，与企业所在社区的机构，如街道办事处、派出所、学校卫生、环保等部门的关系也要处理好，否则，都可能会给企业正常的生产经营活动带来直接的不利影响。

（二）国际经济环境

当今的时代，可以说是"变化的时代"。而这种"变化"，在经济发展方面尤为突出。其特征主要表现为以下五个方面：

1. 全球信息化

全球信息化为全球经济一体化提供了技术支持，1996年7个发达国家和32个发展中国家和科技部长在南非开会，得出了全球信息社会正在加速形成的结论。

全球信息化的五个特点：

（1）互联性。世界互联网及各种内部网络的发展，使得各国经济及其发展具有相互依存性。

（2）整合性。信息的整合就会产生生产力的突破，并推动生产力高速发展，如目前的电脑、电信、电视三电合一，就是一项意义深远的整合活动。

（3）敏捷性。信息传递是以光速传输的，这极大地提高了信息传递的速度和时间利用率。

（4）虚拟化。一方面信息化使世界空间变小，世界成了地球村，另一方面又使空间变大，出现了虚拟商店、虚拟市场、虚拟银行、虚拟公司、虚拟医院、虚拟学校、虚拟研究中心等等。

（5）组织机构的扁平化。由于信息化使得企业组织再次集权，最高决策层可以直接同最基层执行单位联系，企业的中间管理机构失去了存在的必要性，生产者与消费者之间的距离也缩短了。

面对全球信息化的国际环境，中小企业只有充分把握技术、能源、材料、设备、生产工艺等方面的发展趋势，在市场竞争中抢占先机，才能掌握新产品的主动权。

2. 全球经济一体化

全球经济一体化最突出的特点是跨国公司的发展。20世纪90年代，全世界跨国公司有7276家，其子公司共有170000家，由此使得世界各个国家、企业、管理者之间的距离越来越近，联系越来越密切，形成了相互依赖、相互促进、相互制约的复杂关系。

全球经济一体化为中小企业的发展提供了发展的空间，中小企业可以为跨国公司提供配套零部件、包装以及材料的生产服务。像福特、通用等大型的制造业企业都有几万家中小企业提供配套服务。

3. 国际企业间的兼并形成高潮

由于竞争的需要，国际上许多大公司相互联合、兼并已成为一种趋势，如美国波音飞机公司与麦道飞机公司联合，又如美国埃国森石油公司与美孚石油公司联合等等。大企业的兼并往往集中在大型产品的生产制造方面，但即使这些企业也同样需要中小企业的配套服务，中小企业生产的产品和提供的服务往往不会与大企业在市场上产生竞争。在这种背景下，中小企业关键是要选准其立足点，也就是要明确其经营战略。

4. 知识经济在世界范围内崛起

所谓知识经济是以高新技术产业为支柱，以智力资源为依托的可持续发展的经济。知识经济的特点：

（1）经济发展的可持续化。传统经济是要尽可能多地利用自然资源，以获取最大利润，以致目前可利用的自然资源几乎到了枯竭的地步，环境危机日益加剧，而高新技术是要开发目前尚不能利用的自然资源，如人类将来可以利用水中的氢气或二氧化硅中的硅来做新的能源。

（2）资产投入无形化。传统工业中起决定作用的是资金、设备等有形资源，而知识经济中起决定作用的是知识、智力的投入。虽然知识经济也需要资金投入，甚至是风险基金的投入，但若没有信息、知识、智力的投入，则经济发展会更加缓慢，甚至会停滞不前。

（3）决策知识化。知识经济的决策和管理必须知识化，才能应对各种挑战，使企业在竞争中处于领先地位。知识经济时代的到来为中小企业的发展提供机遇。美国的大多数信息产业公司都是由中小企业发展起来的。中小企业对市场、信息的反应敏感，能够将技术迅速转化为产品。与此同时，在全球环境日益恶化、人们的环境意识日益增强的时候，人们对产品使用的原材料、生产工艺、生产的排泄物、产品的使用处理等环节提出了多方面的新要求,这为企业的发展提供了机遇。

5. 企业管理的新特点

知识经济也对传统的企业经营管理造成冲击,并由此产生出新的管理思想和方式。目前国际环境中企业管理的五个特点是:

(1)重视社会整体目标。即企业不仅追求经济利益,更重视对社会进步所承担的债务。

(2)重视精神激励。传统工业经济重视精神激励,但更重视物质激励,而信息化及知识经济尤其重视精神激励,不仅给予表扬,更重要的是要赋予人们更大的责任和权力,使被管理者意识到自己也是管理者的一员,进而发挥自己的自觉性、主动性、创造性,实现自己的人生价值。

(3)重视知识和人才。传统工业经济以物质资源和资本管理为中心,现在则要以人为中心,重视知识和人才,对企业内外的专家作用更为重视,企业被看成学习型组织,发挥着知识和团队整合效应。

(4)重视企业文化建设。传统工业经济的管理只重视规章制度的建设,现代企业组织重视企业文化建设,用共同的价值观熏陶全体员工。

(5)重视领导方式的转变。未来的领导要组织学习,提高企业成员的学习能力。未来的领导是集体领导,是集中公众智慧、统一公众行业的领导。领导必须以身作则发挥示范作用,充分施展个人权力。即领导者主要不是靠他的职位权力,而主要依靠其模范权力和专长权力。

四、创业案例

创业者:孙民宽。

创业:2009—2010年。

创业项目:北京小宽心都市农业发展有限责任公司,立足为将都市型农业、订单式农业、体验型农业的"新三农"经济发展做出贡献。目前产品包括阳台私家菜园、郊区绿色开心农场等，未来希望发展有机绿色蔬菜配送渠道。

从事农资直销的第四年，孙民宽想要创业。

农民出身，再加上大学里学的是畜牧专业，孙民宽从小到大接触的都是农业，毕业后又在河北省做了几年兽药销售，目睹了不少农民在天灾人祸面前无能为力的状况。三聚氰胺事件爆发后，看到绝望的农民们把牛奶倒掉，他终于决定不再赚农民的钱，辞职到城市里创业。

2009年6月，孙民宽开始寻找项目。由于受到赵本山小品《送水工》的启发，他到北京做了一名送水工，目的是跟社区里的人们有更多接触，了解需求。在世纪城小区，送完水的孙民宽与客户们闲聊到有机蔬菜，本以为他们会觉得那些高价菜不靠谱，没想到大家对于多花钱买健康很感兴趣，唯一的阻碍是信任的建立。看到他们阳台上茂盛的花草，他突然萌生了念头：不如在阳台上做个迷你私家菜园，为客户提供已部分长成的菜苗，客户只要记得浇水和简易的施肥就行，自己种自己吃也踏实放心。

孙民宽说干就干，回去后就买了些种子和有机肥开始做试验，发现蔬菜长势不错。之后他找到了一家愿意合作育种的基地，买了些盒子种上小白菜、小油菜，十多天就能出苗。他将自己这个创业项目取名"小宽心"，把种养菜苗的盒子放上三轮车，采取"移动营销"的方式，专门找人多的地方曝光，一辆车可以叠放三十几盒菜，回头率比花草小贩还要高。

还是在世纪城小区，他的客户很快上升到100户。孙民宽有些得意之余，部分居民开始提出意见：你说自己的蔬菜很天然健康，那么育苗基地在哪？孙民宽当初曾经想过做基地，但由于条件限制还是采用轻资产模式与别人合作，现在仍然回避不了这个问题。种过庄稼的肥沃土地避免不了农药残留，而有机蔬菜基地通常需要三年以上的荒地期，用于改良土壤。孙民宽明白，想要让客户信任自己，得找块荒地，可是一穷二白的他求地无门。

这让自恃"很喜欢思考商业模式"的他非常着急，夜深人静时，经常一个人望着月亮想办法。他翻阅了不少成功商人的传记，每天都在纸上写写画画，思考究竟如何让把都市型农业、订单式农业和体验型农业真正结合起来。经过孤身一人的头脑风暴之后，他突然冒出个办法：在北京五环内有很多工厂，荒地数量不少，却都没有被利用，自己为什么不与其达成合作呢？可以让工厂用土地入股，一亩地投入不多，快速育种也不需要太大力气，完全可以先当作自己的基地使用，如果对方需要收回，就及时把菜收获，不会留下什么后遗症。

沿着这个思路，他又想到可以像虚拟游戏"开心农场"一样，将一块土地分为很多块，除了育种之外，还可以成为几家公司的私家菜园。在朋友的帮助下，他在北京通州区和房山区找到了两块合作的基地，而自己这套"郊区绿色开心农场"的想法也开始实施，目前正考虑谈下小汤山附近的一块荒地。

继"阳台私家菜园""郊区绿色开心农场"两套方案之后，孙民宽的思考并没有停止，他的下一步计划是，依托这两套方案，将公司发展为社区中的农产品连锁经营商，最近还计划和一位日本琉球大学留学归国的博士进行合作，引进可以将家庭厨余垃圾自制成肥料的机器。

第四章　高新技术产业

　　中小企业具有高度的灵活性，且以其勇于创新的开拓精神，高效地开发出许多新技术、新产品，开创了一系列新兴行业和市场潜力无穷的经营新领域。互联网的繁荣以及数字技术的频繁更新换代，为中小企业的发展提供了广阔的发展空间，越来越多的中小企业进入高新技术产业是时代发展的必然。

一、高新技术产业的特点

（一）高新技术产业的特征

　　高新技术产业与传统产业相比较呈现的主要特征，表现为以下"七高"。

1. 高智力

　　职工文化水平和专业技术水平高，且技术密集度高，需要多学科、多行业的合作。

2. 高投入

　　高新技术产业不仅科研费用、中试开发投资高，产业化过程中的投资比更高。

3. 高效益

　　高新技术产业消耗能源及原材料都很低，所以都给企业带来高附加值。据国外统计，按单位重量的价值计算，如果小轿车是1，则彩电是5.5，计算机是33，航空发动机是155。

4. 高风险

　　西方高新技术的成功率只有20%。在失败的原因中，因管理不善的占

70%以上。

5. 高速度

高新技术产业发展速度快，产品更新换代快，国外一般两三年就更新一代产品，目前我国也只有五年左右。

6. 高竞争

高新技术产业的竞争总结起来有五个方面，即人才、技术、信息、资金和管理，缺一不可。

7. 高潜能

高新技术产业从总体上说对国家的政治、经济、文化、军事以及整个社会的进步都具有重要影响，具有很强的渗透力和扩散性，具有很高的态势和巨大的潜力。如渗透力之强，在国内已表现在广泛地向传统产业渗透，推动其他产业向高级化发展。

（二）我国高新技术产业的发展

我国是发展中国家中率先进行高新技术开发、拥有高新技术攻关能力并已初步建立了高新技术产业的国家。

1986年3月，我国制定了《高技术研究发展计划纲要》，简称"863计划"。这个计划的指导思想是：为缩短我国在高技术领域同世界先进水平的差距，首先在一些重要领域对世界先进水平进行跟踪，力争有所突破。该纲要中提出了以下七个技术领域的十几个主要项目作为研究开发的目标：

（1）生物技术——包括高产、优质、抗逆的动植物新品种，新型药物、疫苗和基因治疗，蛋白质工程。

（2）航空航天技术——包括大型动载火箭，以和平为目的的空间研究与开发。

（3）信息技术——包括智能计算机系统，光电子器件，光电子系统集成技术，信息的获取、传递与处理技术。

（4）激光技术——包括高性能、高质量的激光器及其在加工、生产、医疗和国防上的应用。

（5）自动化技术——包括计算机综合自动化系统，智能机器人。

（6）新能源技术——包括燃煤磁流发电技术，先进的核反应堆技术。

（7）新材料技术——包括高性能结构材料和特种功能材料的研究与开发。

这个为20世纪和21世纪初我国经济向更高水平发展创造条件的研究计划，于1987年2月正式开始，计划投资规模105亿元人民币和1亿美元。

继"863计划"之后，1988年我国又制定了一个发展高技术产业的计划——火炬计划。由于这一计划的产生，使中华大地上出现了一大批本书的主体——高新技术企业和一批高新技术产业开发区。

这两个计划实施以来，在广大科技人员的努力下，取得了令人瞩目的成就，在某些领域缩短了我国同世界先进水平的差距，加速了我国高技术的进步和高新技术产业化的进程。

二、中小企业的高新技术

（一）高新技术中小企业的特点

高新技术中小企业通常承担了大公司无法承担的风险。在美国，消费者和公司都常常依靠高新技术中小企业探索那些潜在的或刚刚浮现的市场以及小市场的技术商品化。高新技术中小企业的主要经济作用是发掘、探索或在一些情况下开拓美国经济前沿，这包括产品、服务、技术和市场，为经济的增长和发展寻求那些尚未被人们所认识的或者忽略的机会。美国的大部分产业中都有高新技术中小企业，但有些产业中的高新技术中小企业特别密集。高新技术中小企业利用产业的特征，以及自身"小"的优势，扬长避短，得以在这些产业中存在与发展。

归纳起来，高新技术中小企业有如下特点：

1. 产业对应的市场零散、具有技术活力、增长速度高

在这种产业中大公司竞争少，没有很多标准规定，机遇多。如软件工

业、网络服务和仪器工业。大公司对这种新兴的产业在开始阶段未给予足够的重视，给高新技术中小企业创造了发展空间。

2. 风险大

高新技术处于科学技术的前沿，探索过程中成败是难以预见的。因此，任何一项开创性的构想、设计和实施都含有风险，要么取得巨大成功，要么酿成严重失利。除了传统风险之外，高新技术中小企业面临的风险还有：无公司标准、产品和服务没有客户经验、由于标准变化而有可能使开发出来的产品很快过时、产品开发时得不到用户反馈意见影响产品服务的市场需求等。正因为如此，才出现了促进高新技术中小企业发展的重要措施——风险资本。据统计，美国的高新技术中小企业的成功率只有15%~20%。

3. 企业的研究开发密集度高

高新技术中小企业属研究开发型企业，研究开发活动对高新技术中小企业的生存与发展，可以说至关重要。高新技术中小企业用于研究开发的费用，一般占其产品销售额的5%~10%，最高的可达50%，比发达国家用于科研经费的平均水准还高出好几倍。而且，由于生产技术发展迅速，工艺更新快，高新技术中小企业的设备更新费用也很大，且更新的时间越来越快。

4. 充分利用已有的技术和商业基础

高新技术中小企业在其发展的过程中，通常是在已有的商业、技术基础设施上"左右逢源"。在商业上，指从法律、会计、银行系统得到帮助或指导。在技术上，则直接把大公司实验室、大学的研究成果拿来为己所用。大学已有的研究成果，现有研究活动和研究人员本身就是高新技术中小企业的技术资源。另外，高新技术中小企业可通过与大公司的关系，直接或间接地接近用户。如家庭网络业务，市场零散，这一行业的高新技术中小企业利用大的有线电视和电话公司成功地宣传自己，接触到了客户。

5. 善于创新

高新技术是在广泛利用现有科学技术成果的基础上，通过代价高昂的研究与实践，不断积累和开拓知识领域，将会在技术上得到不断的创新。因为高新技术中小企业发展的要点是保持技术上的先进，这不可能利用某一类长时间不变的技术。要生存，就要不断创新，就要不断投入高新技术。高新技术可以是自己发明创造，也可以通过购买。高新技术中小企业只有不断地研究、开发，投入新的先进技术才能发展壮大。因此，可以说高新技术中小企业是起源于创新，在竞争中不断创新。

6. 创办者具有高学历

高新技术中小企业的创办者大都是由大公司（或大学）分离出来的具有大学文凭的人员。这些人不仅有高智力，且富有创新精神，有胆有识，敢于承担风险。

7. 靠近大学或研究单位

大学和研究单位是人才的集中地，是丰硕的科研成果的产地，也是高新技术中小企业劳动力的源泉。大学实验室不仅向大学提供新思想、新成果，由工业部门将其转化为新产品投入市场；而且还有许多科技人员从实验室分离出来进入高新技术中小企业。大学设立科学园更密切了工业与科研、教育的关系，加速了成果商品化的过程，促进了高新技术中小企业的发展。高新技术中小企业的创办地点一般均选在大学或研究单位的周围。如美国高新技术中小企业集中在硅谷，就是美国第一流大学斯坦福大学所在地。英国的剑桥高技术区，则有世界上享有盛名的剑桥大学。斯坦福大学要求每个教授必须与至少一个高新技术中小企业有合作关系或自己开公司，这对加速高技术产业化是很关键的一项措施。

（二）高新技术企业创立的条件

高新技术企业必须是知识密集、技术密集的经济实体，必须是以市场为导向，引入竞争机制、创新机制、风险投资等新型机制的企业。同时，创立高新技术企业必须具备下列各项条件：

（1）从事国家有关管理部门所规定范围内的一种或多种高新技术及其产品的研究、开发、生产和经营业务（单纯的商品经营除外）。

（2）实行独立核算，具有独立法人资格。并实地自筹资金、自愿组合、自主经营、自负盈亏、自我约束、自我发展的"六自方针"。

（3）企业的负责人是熟悉本企业产品研究、开发、生产和经营的科技人员，并且是本企业的专职人员。

（4）具有大专以上学历的科技人员为企业职工总数的30%以上；从事高新技术产品研究、开发的科技人员应占企业职工总数的10%以上。从事高新技术产品生产或服务的劳动密集型高新技术企业，具有大专以上学历的科技人员占企业职工总数的20%以上。

（5）有10万元以上资金，并有与其业务规模相适应的经营场所和设施。

（6）用于高新技术及其产品研究、开发的经费应占本企业每年总收入的3%以上。

（7）高新技术企业的技术性收入与高新技术产品产值的总和应占本企业当年总收入的50%以上。

（8）企业有符合国家法律规定的企业章程、健全的组织机构以及严格的技术和财务管理制度。

（9）高新技术企业的经营期在10年以上。

（三）高新技术及其产品的确认

在对高新技术企业进行创建初审和年度认定时，其中一项是确认企业所生产、研制和开发的产品，是否属高新技术产品范围，同时对产品成熟状况及知识产权所属进行初审和认定。

高新技术产品范围一般参照国家火炬计划重点支持技术领域指南所确定的科目，及各省市科技管理部门结合本地工业特点及科技发展要求所拟定的最新细目为准。

对产品成熟状况进行认定时一般从下列几个方面进行：

（1）该技术及产品是否获奖？包括国际奖、国家级奖、省（市）部委级奖及其他。重点支持五类科技成果奖励项目，即国家自然科学奖、国家发明、国家科学技术进步奖、合理化建议和技术改造奖、国家星火奖。

（2）该技术及产品是否申报专利？重点支持发明专利项目及部分属高

新技术产品范畴的实用新型专利,包括已取得专利申请号项目。

(3)该技术及产品是否通过国家及省(市)部委级成果鉴定。重点支持技术水平达到国际领先、国际先进、国内领先和先进的项目。

(4)该技术及产品是否列入国家或地方计划项目。一般包括国家(地方)级火炬计划项目、国家"863计划"项目、国家(地方)成果推广计划项目、国家(地方)星火计划项目、国家(地方)攻关计划项目及引进消化项目。

(5)该产品是否有注册商标。

(6)该产品质量标准水平如何?包括经权威质量检测部门检测,产品质量达到国际标准、国家标准、部门标准、企业标准、订货合同标准等。

(7)最后核查产品开发投入状况。一般分为大规模批量生产、中试生产、小量非常规生产、工厂产品样机、实验室样机及尚无样机。

另外,在对技术和产品进行认定时,知识产权的所属一定要求手续清楚,决不能将知识产权的纠纷带入高新技术企业中。

(四)高新技术企业的类型

我国企业的类型很多,这里先介绍传统企业的类型。传统企业从不同的角度和用不同的方法来划分,大致有以下几种:

(1)按企业的所有制形式划分,可分为:全民所有制企业、集体所有制企业、中外合资企业、全民所有制和集体所有制联合企业、私营企业、外资企业。

(2)按企业的规模划分,可分为大型企业、中型企业、小型企业。

(3)按企业隶属关系划分,可分为中央直属企业、地方企业、乡镇企业、区街企业。

(4)按组织形式划分,可分为子公司、分公司、公司、联合公司、总公司、单厂企业、多厂企业、企业集团。在公司中又有全国性公司、地方性公司、跨行业公司之分。

(5)按行政级别划分,有部级企业、局级企业、处级企业、科级厂等等。这是我国特有的划分企业方式。

(6)按照在法律上的资格划分,可分为法人企业和非法人企业。

（7）按企业在社会再生产过程中的职能划分，可分为生产企业、流通企业、金融企业和消费服务企业。

生产企业按大的产业类型又分为工业企业、交通运输企业、邮电企业、建筑安装企业、勘察设计企业、农业企业、林业企业、畜牧业企业和水产企业。在工业企业内部，按行业还可划分为电力、石油、煤矿、冶金、机械、化工、电子、纺织、轻工等。在行业内部还可以按产品类别划分。

高新技术企业注重的是企业机制，因此类型主要是依经营方式而定。高新技术企业可分为以下六种类型。

（1）研究开发型。这类高新技术企业以科研院所、高等院校的科研力量和资力资源为依托，具有较强的科学研究和技术开发能力，主要将大量的研究开发成果转让、推广，使科技成果尽快转化为生产力，同时进行有限的技术贸易。

（2）技工贸结合型。这种类型企业是高新技术开发区内占主体的企业，它们实行技术开发、产品研制以及小批量生产、销售、服务一体化。采取以技促工，以贸养技，根据市场需求自选科研课题，形成一个自我积累、自我完善、自我发展的良性循环运行机制。

（3）教学、科研、开发、销售一体型。高等院校在不影响教学和科研的情况下，抽出部分教师从事技术开发和成果推广应用。

（4）技术贸易型。这种类型多为高新技术企业的经营部，主要是经营高科技产品及配套元器件、设备和技术等。它不同于一般商业，技术性强、要求销售人员具有较高的专业知识，企业有自己的销售工程师。很多这类企业多由大学生和研究开发人员去经营，一方面卖产品，另一方面为顾客进行技术培训。

（5）技术咨询服务型，也有称"头脑型"企业。这类企业所占比例很小，它们主要作为中介组织或从事技术培训工作，除了依靠自身的技术和力量，主要聘请高校和科研院所以及中央部委的专家兼职为其服务。根据市场的情况，经济发展的各类需要，为国内技术力量比较薄弱的企业进行技术服务、咨询、培训、项目评估等多种服务。

（6）科工贸集团型。是集研究、开发、生产、销售、对外贸易于一体的技术经济组织，集团成员各自独立核算，各有其长，互辅互补，人才齐全，结构合理。这类企业研究、开发、消化、吸收高新技术的实力较强，同时装备精良、工艺先进、质量管理严格、销售网络全、进出口渠道畅通。

（五）火炬计划

1985年下半年，国家科学技术委员会经过长期酝酿，提出了建立高新技术产业开发区，实施"火炬计划"的概念。当时的火炬计划中包含了高新技术的研究、开发和产业化。1988年8月，为了建立和发展我国高新技术产业，办好高新技术产业开发区，党中央和国务院批准实施火炬计划。1988年8月3日，在北京召开了全国第一次火炬计划工作会议。

火炬计划是由国家科委组织实施的一项发展我国高新技术产业的指导性计划。其指导思想是贯彻改革开放、发展经济的总方针，发挥我国的科技优势，利用国内外的一切有利条件，建立和发展我国的高新技术产业，实现我国产业结构的合理调整，增强国际竞争能力，最大限度地解放和发展科技第一生产力。

实施火炬计划的宗旨是实现高新科技成果的商品化、高新技术商品的产业化、高新技术产业的国际化。

火炬计划的主要任务是：创造适合于高新技术产业发展的环境和条件；办好高新技术产业开发区和开发带；选择和支持火炬计划项目；办好高新技术创业服务中心和大学科技园区；推动并实施高新技术产业的国际化；培养和造就一大批科技实业家和专门人才。

火炬计划的组织实施使我国高新技术产业开发区的建设与发展由自发兴办转而纳入了政府的议事日程，成为我国有组织、有计划、有步骤地发展民族高新技术产业的重要组成部分。

根据火炬计划的实施情况，将重点支持的领域分为以下六个领域。

1. 电子与信息领域

（1）电子与计算机及外部设备：高档小型微型计算机、工作站；多媒体计算机技术及便携机、笔记本计算机；存储设备、显示终端、打印设备；自动绘图仪、数字化仪；高稳定抗干扰电源。

（2）计算机软件：中国版本的系统软件；中国版本的支撑软件；商品化的应用软件；专家系统、决策支持系统。

（3）信息处理设备：具有综合处理能力和网络化的办公自动化设备；自动排版设备与系统；激光照排设备与系统；文字语音等识别、图形、图像处理设备；光电信息处理设备。

（4）计算机、通信网络系统：远程网络系统；局部网络系统；数模混合网；无线与有线混合网；综合业务数字网。

（5）电子、光电子元器件：高性能电真空器件；半导体器件；集成电路、厚薄膜混合集成模块；片式元器件；激光与光电子器件。

（6）广播电视设备：新型彩色电视发送设备；高清晰度、数字彩色电视接收机；录像机及高保真音响设备；全固态调频广播电视发射设备；电视制作设备；数字、声音广播收发设备。

（7）邮电通信设备：卫星通信设备；数据通信设备；移动通信设备；程控数字交换机；微波通信设备；光纤通讯和集成化光端机；多媒体通信终端。

（8）社会公共安全设备与控制系统：高性能的防火防盗报警控测器及传输、控制系统；安全检查仪器、设备及安全保险装置；高性能电视监控与管理系统。

2. 生物技术领域

（1）农林牧渔：应用基因工程、细胞工程及其他新型育种技术培育高产、优质、抗逆的农林作物新品种；快繁植物种苗及人工种子；应用基因工程、细胞工程及其他转基因技术培育良种畜禽、水产新品种或新品系；兽用基因工程疫苗；农用基因工程产品；农作物制剂（包括微生物农药、植物生长调节剂、微生物肥料等）；农用单抗诊断试剂和酶诊断试剂。

（2）医药卫生：医用单抗诊断试剂与试剂盒；酶诊断试剂及酶用试剂；单克隆抗体偶合类药物；DNA探针与基因诊断制剂；基因工程疫苗；基因工程药物；活性蛋白与多肽；医用药用酶；微生物次生代谢产物（氨基酸、维生素及新型抗生素）；药用动植物细胞工程产品；应用现代生物技术改造传统生物制品、抗生素及其他药物；海洋生物制取的新型药物；生物技术制取中药及制剂。

（3）轻工食品：新型工业用酶制剂；发酵法生产氨基酸；新型有机酸；微生物多糖及糖脂；天然色素与香精香料（包括提取及发酵方法）；新型、高档食品添加剂；新型活性酵母及制品；淀粉糖及其衍生物；应用现代生物技术改造传统食品及轻工产品。

（4）其他生物技术产品：生物化工新产品；环境治理用生物技术及制品；高效分离纯化介质；生物技术研究用试剂；标准实验动物；新型、高效生物培养设备。

3. 新材料领域

（1）金属系新材料：高纯超细金属材料及制品；高性能特殊合金材料；稀有金属及稀土材料；特种金属纤维及制品；金属箔材及异型材；非晶、微晶材料；形状记忆合金；大直径半导体材料；磁性材料；贮能材料；表面改性金属材料；生物医学金属材料。

（2）无机非金属材料：高纯超细陶瓷粉体；高温、耐蚀结构陶瓷；高性能功能陶瓷；特种陶瓷纤维；生物陶瓷；金刚石薄膜；超硬材料；光电人工晶体；特种玻璃及制品；高性能光纤；特种石墨制品；新型建筑材料；特种涂料。

（3）有机高分子材料：新型工程塑料及塑料合金；功能高分子材料；有机硅及氟系材料；特种合成纤维；特种橡胶及密封阻尼材料；精细化工材料；液晶显示材料；高效催化剂；有机分离膜；传统有机高分子材料的改性材料；生物医学用高分子材料；有机光电子材料。

（4）复合材料：树脂基复合材料；金属基复合材料；陶瓷基复合材料；复合材料用高性能增强剂。

4. 机电一体化领域

（1）智能化机构及设备：工业机器人技术及产品；柔性制造技术及产品；中、高档数控系统、伺服控制系统、数控机床、加工中心及CAD/CAM应用开发；电力电子技术产品；激光加工设备；智能化的电器、电力设备；机电一体化的化工、纺织、印刷等机构设备。

（2）仪器仪表：新型工业自动化仪表；高性能分析仪器和信号记录仪器；高性能光学仪器；新型电子测量、计量仪器；新型传感器。

（3）工业过程控制技术及产品：中、高挡可编程序控制器；总线控制机及模板；集散式控制系统；分布式控制系统；其他智能控制器。

（4）医疗器械：新型医用诊断仪器、设备；新型医用治疗仪器、设备；医用电子监护仪器、设备；医用生化分析仪器。

5. 新能源、节能与环保领域

（1）新能源：太阳能高效集热器及发电设备；太阳电池及应用系统；大中型风力发电力；农林残余物热解汽化设备；新型制氢和贮氢装置；新型高能蓄电池；地热、海洋能的应用装置。

（2）高新节能：①节煤技术及产品：高效集中供热和热电联产的大、中容量工业锅炉；新型流化床工业锅炉；工业窑炉的新型燃烧装置；新型余热回收装置；高效蒸汽管网设备。②节电技术及产品：新型节能风机、水泵、油泵；新型高效压缩机；节能型空气分离设备；节能型空调器、冷藏柜、高效制冷机；新型高效电机调速装置；逆变式电焊机；新型高精度可控气氛炉；高功率和超高功率大吨位电弧炉；低损耗电力变压器。③节油、节水技术及产品：新型节能型内燃机；新型节水设备。④节能计量仪器仪表与自控装置。

（3）环境保护：①大气污染防治设备：高效、多功能（除尘、脱硫、脱氮、防爆）除尘器；高效烟道气脱硫及二氧化碳处理回收装置；新型工业废气净化回收装置；汽车排气净化装置。②水体污染防治设备：城市污水处理设备；工业废弃物处理、净化及循环利用设备。③固体废弃物处理设备：固体废弃物分离、分选和处理设备；危险废弃物的安全处理设备；城市垃圾的运输和处理设备。④噪声振动、电磁辐射和放射性污染防治设备。⑤环保监测仪器：环境大气和气体污染源监测仪器；环境水质和污染源水质监测仪器；固体为弃物监测仪器；噪声振动、电磁辐射和放射线监测仪器。

6. 其他高新技术领域

（1）辐射技术及应用。

（2）海洋工程。

（3）新型化学合成医药、农药。

（4）轻型、特种交通工具。

（5）与五大领域配套的相关技术及其产品。

（六）地方制定的高新技术及新产品项目

按照国家制定的高新技术范围，各地方科技管理部门，都定期结合当地的实际，规定一定时期内的高新技术及其产品细目。现选择较有共性的九类供有志进入高新产业的创业者参考。

1. 新材料

（1）新型金属材料及加工技术。

①超导材料。

②储能材料。

③非晶、微晶合金。

④形状记忆合金。

⑤其他新型功能材料、结构材料：高性能磁性材料及磁介质；高温合金；高强度、高韧性合金；减震合金；超塑合金；超弹合金；超硬合金；超低温合金；难溶金属材料；新型电真空材料；新型半导体材料。

⑥硬质合金及加工材料。

⑦高效电池材料。

⑧触媒材料。

⑨贵金属及其代用材料。

⑩高纯、超细金属粉末材料及其化合物。

⑪稀土材料及稀土精炼、分离、应用技术。

⑫金属材料特殊加工，金属快速凝固技术：金属材料表面处理新技术；电渣熔铸技术；金属材料表面涂镀新技术；超精细加工技术；金属材料热处理技术；铸铁冷焊技术；等静压工艺及技术；粉末静电喷涂技术；特种粉末制备新技术。

⑬新材料检测评价新技术。

（2）新型非金属材料及加工技术。

①精细陶瓷材料及产品：高温结构陶瓷；高强、增韧陶瓷；高硬、耐磨陶瓷；生物、生化陶瓷；光学陶瓷；导电、压电陶瓷；半导体陶瓷；磁性陶瓷；高纯、超细陶瓷粉料；陶瓷晶须及纤维。

②新型高分子材料：特种工程塑料及高分子合金、新型橡胶材料；元素有机高分子材料；功能高分子材料；高分子分离膜材料。

③人工合成晶体及产品：人造宝石制造技术及产品；人造金刚石制造技术及产品；人工合成云母制造技术及产品；人造水晶制造技术及产品；非线性光学晶体、红外晶体、闪烁晶体。

④特种纤维材料及产品：高能、高弹、高硅氧纤维；功能光学纤维；塑料光纤；光纤面板及微通道板。

⑤新型功能薄膜。

⑥特种玻璃及镀膜技术：石英玻璃及镀膜技术；石英玻璃、熔封玻璃、微晶玻璃。

（3）复合材料

①金属基复合材料。

②树脂基复合材料。

③陶瓷基复合材料。

④增强体材料：晶须材料、高性能纤维、颗粒材料。

⑤基体材料。

（4）精细化工材料

①信息用化学品：磁性记录材料；液晶显示材料；压电性和热电性材料。

②试剂：医用试剂；生物试剂；环境试剂；电子试剂。

③高纯物质：高纯固体、高纯气体、高纯液体。

④黏合剂：结构黏合剂；特种黏合剂；高温、低温黏合剂；导电黏合剂；感光黏合剂；医用黏合剂；密封黏合剂。

⑤新型高效食品与饲料添加剂。

⑥新型高效催化剂与合成材料助剂。

⑦染料：分散染料；活性染料；阳离子染料；新型染料中间体。

⑧涂料：粉末涂料；射线固化涂料；非水分散体涂料。

⑨表面活性剂。

2. 电子与信息

（1）电子计算机。

①具有汉字处理功能、微型化的超级小型机。

②具有汉字处理功能的微型机。

③仿真机系列产品。

④工业控制机及系统。

⑤教学机系列产品。

（2）计算机外部设备。

①存储设备。

②字符显示终端。

③图像显示终端。

④打印终端设备。

⑤自动绘图仪。

⑥坐标数字化仪。

⑦高稳定抗干扰电池设备。

⑧信息输入设备。

（3）软件和信息处理。

①系统软件。

②支撑软件。

③应用软件。

④辅助工程、设计、制造、测试、教学系统。

⑤生产过程控制。

⑥软件新技术及其产品。

⑦软件固化技术及其产品。

⑧汉字技术及其产品。

⑨情报检索系统和图书馆自动化系统。

⑩人工智能软件与专家系统。

⑪办公信息系统和办公自动化系统。

⑫特种用途系统及信息处理技术。

（4）计算机网络及通信系统。

（5）基础电子元器件。

①电真空器件：显像管、射线管、磁控管。

②半导体器件：半导体功率器件、微波器件、发光器件、显示器件、敏感器件、传感器件、电力器件、GaAs器件；SMC及其他新型半导体器件。

③集成电路：数字集成电路、线性集成电路、功率集成电路、混合集成电路、集成模块以及其他新型集成电路。

④通用电子元配件：SMD（表面组装元件）系列产品；晶体振荡器、谐振器、滤波器；高保真电声元件；高性能磁性元件；各种敏感元件及传感器；高频、耐高压、大功率阻容元件；各种新型、高性能、高可靠接插件、开关继电器等元件；各种微型化、高可靠电子元件。

（6）广播通信设备。

①大型彩色电视发送设备和高清晰度、多功能、数字电路彩色电视接收机、液晶电视、录像机、高保真音响系统及其他新型音像设备。

②卫星通信设备。

③数字通信和数据传输设备。

④移动通信设备。

⑤程控交换机。

⑥各种雷达设备。

⑦全固态调频广播发射设备。

（7）电子测量仪器及专用设备。

①半导体器件、集成电路参数测量仪器和工艺试验及制造设备。

②各种电子元件参数测量仪器和工艺试验及制造设备。

③广播、通信的各种测试仪器。

④数字仪、智能化测试仪器。

⑤数据域测试仪器。

⑥高分辨率信号记录仪器。

（8）激光器件及材料。

①各种激光器件及激光电源。

②各种激光调制器。

③激光光学元件及材料。

（9）激光应用技术。

①激光加工设备：激光焊接、切割、热处理、划片、微调、打孔等。

②激光测试：激光测距、测长、测径、测速、测粒度、导向、准直、分析检测、表面质量和形状检验、激光参数测量。

③激光信息处理：激光全息、激光高速摄影。

④激光印刷：激光打印机、激光复印机、激光比色机、激光照排系统。

⑤激光存储（光盘）。

⑥医用激光：激光诊断仪器、治疗仪器、激光内窥镜、激光美容机等。

⑦激光光谱仪器。

（10）光电器件及材料。

①微光及红外器件。

②真空光电器件。

③激体光电器件。

④光电材料。

（11）光电器件的质量检测仪器。

①光电参量计量仪器。

②光电参量传感仪器。

（12）光电应用技术。

①夜视及热像仪。

②光电检测及探测技术。

③光电控制技术。

④电镜。

⑤等离子技术。

（13）光纤通信。

①各种光纤通信器件、调制器、连接器。

②各种光纤。

③光端机及系统。

④光纤通信工艺装备及测试仪表。

3. 机电一体化

（1）智能化机构。

①工业机器人：检测、传感元件及产品、传动基础元件及产品、伺服驱动元器件及产品、光电控制系统，力觉、视觉系统技术及产品。

②柔性制造技术及设备：数显、数控机床；加工中心、柔性单元、柔性系统及其配套设备。

③微电脑控制的机械设备。

④智能化的电器设备。

⑤智能化的电力设备。

（2）仪器仪表。

①新型自动化仪表及系统。

②分析仪器：质谱、色谱、波谱、光谱、能谱、电化学、热分析、工艺流程分析仪器。

③光学仪器：图像分析仪、色度仪、高精度计量仪、大地测量仪器、各种光度计等。

④照相与缩微器材。

⑤新型电工仪器仪表。

⑥真空获得及应用系统与仪表。

⑦电子量具、量仪。

⑧传感器。

4. 生物技术

（1）基因工程技术及其产品。

①动植物基因工程育种。

②基因工程疫苗。

③基因工程干扰素。

④染色体工程育种。

⑤其他基因工程产品。

⑥蛋白质工程及其产品。

（2）细胞工程技术及其产品。

①动植物细胞工程育种：原生质体培养和细胞融合技术育种；植物胚培养及无性系变异育种；人工种子；细胞工程技术培育鱼、虾等新品种；动物胚胎嵌合技术。

②人医用单克隆抗体诊断试剂。

③农用单克隆抗体诊断试剂。

④单克隆抗体偶合物类药物。

⑤动植物细胞或组织大规模培养生产有用物质。

⑥细胞的固定化技术及设备。

⑦动植物优良品种的快速繁殖。

（3）酶工程技术及其产品。

①食品加工用新型食品及酶制剂。

②其他工业用新型酶制剂。

③酶诊断试剂及试剂盒：酶联试剂、酶传感器、酶标免疫试剂、酶诊断试纸。

④工具酶。

⑤酶、辅酶的固定化技术和再生技术及设备。

（4）发酵工程技术及其产品。

①微生物多糖、新型抗生素、生长激素等微生物代谢产物。

②微生物农药。

③甾体激素。

④发酵工程和酶工程技术生产的精细化产品。

（5）生化工程及其他支撑体系。

①各类新型生物反应器。

②生物传感器、生物芯片。

③生物技术后处理中破碎、分离、纯化、提取等技术及其设备。

④各种标准化实验动物。

（6）新药物。

凡我国未生产过的药物，或采用高新技术生产的已有药物，并符合我国新药物管理条例规定的，可列为新药物。

①新型预防性药物。

②新型诊断性药物。

③新型治疗性药物。

④新型药剂附加药物。

（7）生物医学工程。

①生物化学分析及临床检测仪器：生物化学试剂及药盒；血液学临床检测、检验仪器；血液流变学仪器；生物化学传感器及电极。

②生物结构分析和医学图像装置技术及产品：核磁共振等断层成像系统；核医学成像装置；超声成像装置。

③生物功能分析和生物信息检测技术产品：电生物信号技术及设备；非电生物信号技术及设备；微波热图技术及设备；临床监护类技术及设备。

④生物信息处理及计算机应用系统：生物信息计算机处理分析系统；医学图像计算机应用系统。

⑤物理及特种治疗技术装备：射线治疗；超声治疗类；激光治疗类；电磁波治疗类；生物反馈治疗装置。

⑥人工器官及医用生物材料（包括吸附材料）技术及产品：心、肺、肾、肝、胰人工脏器；心脏瓣膜、关节、骨、血管等人工器官及假体；医用高分子材料及制品。

⑦传统医学仪器：经络、穴位、诊断及治疗仪器；气功、特异功能诊断及治疗仪器；中医四诊客观化诊断分析仪器。

⑧其他医用高技术产品。

5. 能源技术

（1）新能源技术及其产品。

①太阳能技术及其产品：各种硅太阳能电池；薄膜太阳能电池；高效太阳能元件；太阳能光热转换技术及产品；太阳能热发电技术及产品；太阳能光电转换技术及产品。

②风能技术及产品：风力发电技术及产品；风力助航装置。

③生物质能转化技术及产品。

④地热发电新技术及产品：地热高效利用新技术及产品；地热能综合利用新技术及产品。

（2）节能新技术及其产品。

①节电、节水、节煤、节气新技术及其产品。

②节约燃料新技术及产品。

③节能型自控新技术及其产品。

④能源转换、输送、储存新技术。

⑤节能新工艺。

⑥其他高技术节能产品。

6. 核应用技术及产品

（1）核辐射技术及产品。

①核辐射源：中子源、钴源等及其装置。

②工程材料辐照技术及装置：γ 辐照站、快中子辐照装置等。

③水果、蔬菜、食品、中药等辐照保鲜灭菌技术及装置。

④农作物辐照育种技术及装置。

⑤核辐射剂量防护技术及仪器设备：各种射线剂量检测仪、探头、计；低本底测量装置；防核辐射屏蔽装置。

（2）核同位素应用技术及产品。

①各种核同位素产品。

②核同位素检测仪器及装置。

③核同位素应用装置。

（3）核物理实验技术及产品。

（4）核电子技术及产品。

①探矿核仪器。

②地质勘探仪器。

③地下水探测核仪器。

④工业用核探测仪器。

⑤医用核仪器及装置。

（5）核三废处理技术。

高、中、低废液固化处理处置及装置；固体核废物压缩、焚烧处理处置及装置；核废气处理及回收装置；环境大气监测装置、气熔胶采样器等。

7.地球科学、空间技术、海洋技术及其产品

（1）能源、矿产资源的勘探新技术。

①找油、找矿新技术。

②微生物选矿新技术的应用开发。

③贵重金属勘探开发新技术。

④地下水、热和其他能源、资源勘探开发新技术。

（2）固体地球观察实验新技术。

①物化探测仪器。

②地震波、电磁波层析成像技术。

③物化探测资料人工智能解释系统。

（3）大气海洋观测实验新技术、新仪器。

①大气遥感、水声遥测、激光和微波新技术。

②新型海洋大气传感器。

③卫星图像和数字资料处理新技术。

（4）空间观测实验新技术、新仪器。

①空间环境要素探测新仪器新设备。

②磁类预报卫星故障监测技术。

（5）大型工程、海底设施基础稳定性勘探与监测新技术。

①工程地球物理勘探新技术。

②海底设施防腐新技术。

③边坡稳定性监测新技术。

（6）遥测遥感新技术及产品。

①森林探火的实施监测传输系统。

②遥感技术找油找矿。

③遥感技术勘探地质的新技术应用。

④遥测、探测地球表层各种环境要素技术的应用开发。

⑤遥感资料处理解释系统。

⑥遥感信息产品（图片、磁带等）。

⑦遥感信息与非遥感信息的复合技术。

⑧遥感仪器。

8.环境科学和劳动保护新技术及其产品。

（1）环境监测仪器和分析仪器。

①采用数控技术的水、气、渣分析测试仪器。

②噪声与振动检测和分析仪器。

③核辐射及放射性强度检测和分析仪器。

④电磁辐射及放射性强度和检测、分析仪器。

（2）环境保护所需的各类设备。

①污水处理与回收新技术及设备。

②高烟气的净化除尘设备。

③汽车尾气净化器及检测、分析设备。

④放射性辐射防护设备。

⑤噪音和振动防护设备。

⑥防静电技术及设备。

⑦防电磁波辐射技术及设备。

⑧有机化学毒物、重金属离子处理技术及设备。

⑨地下管道腐蚀检测技术。

⑩超纯水技术及设备、材料和仪器。

⑪空气超净化技术及设备、材料和仪器。

⑫水资源保护技术。

（3）有关环境管理、环境规划、系统优化、计算机管理等系统方法的研究开发，计算机软件的研制开发。

①环境评价技术研究。

②项目环境可行性分析技术研究。

③计算机管理软件开发。

（4）环境工程工艺的研制。

①无毒无废或低毒少废清洁工艺的研制。

②环境治理新工艺的研制：水、气、垃圾、噪声治理工程及放射防护工程。

（5）环境生态工程技术的研究开发重点：废物资源化。

（6）无污染能源的研制开发。

（7）劳动保护新技术及产品。

①安全检测技术及设备。

②防毒、防爆新技术及产品。

③新型个体劳保用品。

9. 新型建筑材料、结构体系、施工技术及设备

（1）新型建筑材料。

①高效防水、隔热、节能和嵌缝材料。

②新型建筑构件。

③新型室内外装饰材料。

④新型洁具。

（2）新型施工技术及设备。

①大开间工业化结构的施工技术。

②大吨位、大跨度预应力建筑的施工技术及设备。

③升板、滑模、倒模、全装配施工工艺及设备。

④软弱地基和深基础处理技术及其静态监测技术。

⑤建筑抗震及加固处理新技术。

⑥模拟地震处理技术。

⑦新型建筑机构与机具。

⑧装修干、湿作业新技术、新设备。

三、企业孵化器是中小企业的摇篮

企业孵化器是一个为企业提供可租用场地、提供共享支援服务的商业发展服务设施，是一个创造成功的、创新型新企业的综合系统，有组织地、适时地为尚处于"卵"状态的企业供给其成长期所需要的"营养"条件，以促使其成长起来，成功地造就充满创新活力的企业群体。换言之，企业孵化器是一种"受控制的工作环境"。在这种环境中，人们试图创造一些条件来训练、支持和发展一些成功的盈利的企业和培育企业家。也就是说，企业孵化器是为创业者在创业初期减轻风险，培育可在激烈的经济竞争中独立生存的企业的一种服务性机构。这种机构有许多明显的特点：入驻的企业是经过审慎选定的，它们往往正处于发展的早期或初创时期，并具有发展潜力；这里给每个租户提供工作空间，提供企业运营所需设施，例如通信和管理设施；负责训练、开发和帮助提高企业家的管理能力；提供关键的诸如法律和金融方面的专业性服务；租金和服务费用合理以使新建企业不至于负债过重；在企业孵化器中经过3～5年"实习"，企业家取得业务"资格"，从企业孵化器中"毕业",另觅场所扩大发展规模。

近年来,孵化器作为一种知识经济下的新型经济组织,在国外悄然发展起来,目前已形成迅猛发展的趋势。孵化器的主要功能是为创业者提供一个创办企业的适应环境,在这个环境中,孵化器可以为初创的小企业提供所需要的基础设施、创业资金和一系列的支持服务,使其成长为成熟的企业。孵化器为那些勇于创新而缺乏创业资金与管理经验的高科技人才提供了一个良好的创业机会,从而推动并加快了科技成果向市场化、产业化的转变。

(一)企业孵化器的起源

20世纪70年代,由于世界经济的不景气,许多西方学者及政治家都在为振兴经济寻找出路。这时美国的硅谷等地迅速发展起一批高技术中小型科技企业,从而使得越来越多的人对中小型科技企业的作用刮目相看。在这样的形势下,出现了重视中小型科技企业对经济发展的作用和重新评价小企业的地位。随着小企业数量的增加和各国对中小型科技企业的重视,一种扶持中小型高新技术企业成长的新型组织机构——企业孵化器应运而生。企业孵化器的概念由美国乔·曼库索于1959年首次提出。1963年,在美国和英国各组建了一个企业孵化器。70年代,随着高新技术中小企业的飞速发展,企业孵化器也以惊人的数量增长,到1996年为止,全世界大约有企业孵化器3500家。

创办这些企业孵化器的目的是提供多层次的服务,扶持高新技术中小企业,减少企业初始投资,降低其成长风险,减少破产率,为国家创造大量就业机会和就业岗位以及创造新的经济增长点。

(二)企业孵化器的基本特征

"孵化器"的出现是社会经济发展到一定阶段的产物,它能在短期内获得如此迅速发展,与世界新技术革命浪潮的推动有关,也与其固有的特征密切相关。其基本特征如下:

1. 与大学有密切联系

最初创办"孵化器"的都是大学,将高技术产业与大学结合起来,使高技术能方便地利用大学的场地、设备、人才、信息、技术等优势迅速发展成产业。西柏林技术革新创业者中心即是由西伯林工大于1983年11月创办的德国第一个为培育高技术中小企业的"孵化器",开张一年时间就接纳了23家初创公司,其中15家从事微电子计算机的开发。该中心的一个重要功能即是组织大学与企业的科技合作。随着"孵化器"的发展,创办单位也随之增多,除大学以外,政府、民间非营利团体和私人营利企业也发起创办"孵化器",特别是私人营利企业更为积极。在美国,私人营利企业发起创办的"孵化器"占总数的54.4%,大学创办的占9.8%,民间非营利团体创办的占5.7%,政府(包括州和地方政府)创办的占30.1%。尽管发起单位不同,仍有80.6%的"孵化器"与大学有联系。

2. 得到政府的扶持

"孵化器"具有强烈的政府背景色彩。具备政府背景的资助或拨款的"孵化器",在美国占总数的51%。在欧洲企业创新中心网络成员中,具有政府背景的投资占56.5%。德国慕尼黑技术中心,政府投资占70%。西柏林技术革新创业者中心由市政当局共投资270万马克。此外,从"孵化器""毕业"的企业有20%留在"孵化器"附近,60%建在原城市,这对促进地方经济发展起了较大作用,因此,政府的扶持对"孵化器"是不可或缺的。

3. 以新创高技术中小企业为孵化对象

国外建立"孵化器"一般有三个目标:

(1) 创造新的就业机会。

(2) 促进地方经济发展。

(3) 谋求高额利润。

由于高技术产业具有高技术密集、高投资、高效益、高渗透性、高竞争、高风险的基本特点,因此,高技术中小企业可以创造较多的就业机会,高技术创业者与新创就业机会的比率可高达1:500或1:1000。高技术产品也是高附加价值的产品,生产高技术产品的中小企业也可以获取比生产传统产品高得多的利润。高技术产品较强的渗透性,使其对经济有巨大推动作用,并且"孵化器"也能获得较高的利润。因此,"孵化器"最愿意选择新创高技术中小企业为孵化对象。据统计,以新创高技术中小企业为培育对象的"孵化器"占总数的85.7%,而以技术开发为首要目标的只占2.5%左右。由此可见,高技术中小企业发展与"孵化器"是紧密相关的。

4. 投资少,规模小

在美国,"孵化器"大多分布在中小城镇,规模较小,40%的"孵化器"年活动费在5万~10万美元,而且一般是由四五人进行管理的。有80%的"孵化器"是建立在旧楼房或经过修缮的废弃厂房中。西柏林技术革新创业者中心的房屋即是一栋经修复的面积约为5000平方米的有100年历史的古建筑。

5. 规定一定的孵化时间

在国外,初创企业的孵化时间一般为三年,最长不超过五年,所以,往往规定租户公司只能在"孵化器"里停留1~3年。对我国11个省市调查表明,民办科技机构发展顺利与不顺利的转折点在其成立三年后。这一国内外类似的现象说明企业家的成长在事业初创时期都需要支持。

6. 集中创业要素

有人把人才、技术、知识和资金称为企业创业的四要素。人才即是企业家,是能看准机会并且勇于创业、勇于实践的人,这是创业要素中最活跃、最根本的要素。技术即是创新的设想、新的构思,是可商品化产业化的思想,这是培育新企业的种子。知识即是将优秀的设想、创新的构思转化为产品或服务的能力。知识需要不断补充和更新,转化能力是反映知识水平的标志。资金是整个创业过程的燃料,没有资金创业过程即中止,企业也无生命。"孵化器"为租户公司提供的各种服务有:秘书服务,行政管理服务,设施管理服务和经营管理服务等4方面的工作。所谓经营管理服务,具体说是指营业和销售的指导(市场开发)、财务会计指导、资金筹措渠道等服务。因此,"孵化器"就是集合了创业四要素的有机组织,从而能提高"孵化器"内的中小企业的成活率和生存能力。并不是所有的"孵化器"都有各种服务网络,但都特别重视为新创业的企业提供稳定的经营活动的咨询服务,使企业有一个在初创期所需要的比较安全的环境,从而扶持企业成长。

在"孵化器"内的租户公司认为从"孵化器"可以得到四种关键性的

帮助：

（1）"孵化器"可以帮助租户公司取得社会信任。

（2）可以帮助创业者加快学习进程。

（3）可以帮助租户公司更快解决问题。

（4）可以介绍他们进入公司网络。

这些认识是与"孵化器"具有创业四要素密切相关的。

从"孵化器"的基本特征中可看出"孵化器"的要素有如下六点：

（1）能提供场地及设施的服务，自身具有较强的经营管理能力。

（2）具有获取资金的渠道，包括贷款和投资以及风险资本，资金渠道始终保持畅通。

（3）熟悉创业网络，对创业者能进行创业培训和教育。要使成熟的企业离开"孵化器"独立生存，就必须对创业者进行培训，避免成熟企业不愿意"毕业"。

（4）与大学或研究所有紧密联系，具有技术、资料、信息、设备、人才等坚实的支撑，使创业者具有丰富的智力资源。

（5）善于选择培育对象，事先确定培育对象的分阶段目标，关键是树立成功的形象。

（6）有政府的扶持，在体制、政策、法律、基础设施、资金等各方面为创业者提供保障。

由此可见，集中创业要素，建立支撑网络，树立成功形象，提供法律保障，这是"孵化器"的基本特征，也是其成功的根本要素。

德国慕尼黑技术中心就是"孵化器"的一例。这个中心建立在一座占地3000平方米的五层大楼里，该技术中心的任务是促进科研成果迅速转移到生产，鼓励有新设想的人创建新的企业。由政府投资70%，当地工商会和手工会各投资15%。1987年技术中心已吸收22家微电子、激光、软件工程等高技术租户公司，专职人员达120余人。技术中心为租户公司提供工作场地和设备服务、行政管理服务、文书工作服务及经营管理服务，还帮助租户公司获得大学以及研究所的技术咨询和合作服务，也帮助各租户公司之间协作开发新产品。更重要的是技术中心可以帮助租户公司获得政府贷款或其他资金。另外,当创业失败时,创业者可以不必偿还贷款而离开技术中心。创业成功的企业应迁出技术中心而自立门户,让新的创业者来接受培育。一般租户公司可以在技术中心内停留三四年,如果一两年内不见成效就意味着失败而要迁出技术中心。

美国佐治亚州的先进技术开发中心是由佐治亚理工大学创办的,建立于1980年。目前是为了促进乔治亚州的高技术产业发展,创造更多的就业机会。因此,该孵化器以高技术范围内的租户公司为主要对象,它为租户公司提供租金低廉的办公、生产用房,还能提供行政文书管理等各种服务。此外,中心还为租户公司提供全州的技术资源和能力的信息、专门公司的研究报告及主要工业大学的研究信息。中心规定租户公司承租时间大约为1~3年。

我国的高新技术创业服务中心的概念,是在吸收了国外孵化器的做法,并结合中国国情后提出的。它是通过实施指导性管理,提供综合性服务和创业投资,为高技术中小企业的起步和发展,提供局部优化的环境。疏通包括资金在内的必要渠道,扶植技工贸相结合的高技术中小企业和科技型企业家,培育有竞争力的高新技术产品,促进高新技术产业的形成。

1987年6月,武汉东湖新技术创业中心成立,这是我国第一家科技创业服务中心。随后,在全国范围内,陆续建立了一批高新技术创业服务中心。

武汉东湖新技术创业中心的指导思想是充分利用武汉地区工业、科技基础,选择从事高新技术开发的中小企业进行"孵化"。他们的主要做法是:

(1)当申请企业进入创业中心时,中心对他们的资格进行审查,审查通过、上报批准后,由创业中心协助办理工商注册、银行开户等手续。

(2)企业进入创业中心后,中心以有偿方式向企业提供办公用房、科研试验场地、计算机、复印机和电话等通信设施。

(3)当企业运营中遇到了各种困难时,创业中心就想办法帮助它,如当企业遇到资金困难时,创业中心在对项目进行评估后,为它贷款进行担保;当企业项目开发过程中遇到了困难时,创业中心就为它牵线搭桥,介绍合作伙伴。

创业中心每月组织一次联谊会，把下属研究机构和企业的所长、经理召集在一起，商议一些共同性的问题并传达政策、通报情况。

创业中心的功能是随着企业的发展壮大、需求不断变化而逐步完善的。例如，在企业资金遇到困难时，创业中心与附近14家高校院所、企业及洪山区建行组成了洪山科技互助会。创业中心所属企业在中心的担保下，通过互助会可以得到所需贷款。由于有了这种融资方式，大大地缓解了创业中心下属各企业资金周转的困难，从而促进了它们的发展。

深圳科技工业园科技创业中心主要从事的工作是将科技成果、发明以及专利项目"孵化"成能批量生产的产品。

（1）对某项科技成果、专利和非职务发明成果，组织专家就成果持有人的素质及技术本身进行审查，并对项目的市场前景进行预测、分析。

（2）与成果持有人共同制订实施计划，以决定是否可立为创业中心"孵化"的项目。

（3）在中心立项后，创业中心则帮助成果持有人聘请有关的专家、学者就此成果的样品进行产品的开发和优化，并对所需的生产工艺及专用设备进行研究开发。在这一阶段中，创业中心必要时可为项目投入一定数量的资金，供研究开发之用。

（4）进行中试。这样的中试是以数量最少，品种齐全为原则，建立一条小型生产线，以验证各工序的运行情况及生产过程各环节的标准，为下一步现代化大生产做好准备。

（5）在创业中心的帮助下寻找风险投资者，建成一个具有现代化内涵的小企业。

（6）待条件成熟后，进入科技工业园，形成大中型企业。

创业中心下属的是一些正在进行研究开发的项目。这些项目最终有成功的，也有失败的，因此创业中心在对项目进行初期投资时，就存在着一定的风险。经过几年的运转后，创业中心每年都应有企业从中"毕业"。"毕业"时，企业一般都应是有独立经营能力、能够进入科技工业园、具有现代化内涵的中小企业。它们一般多是国营的或是合资的,创业中心可与"毕业"的企业有股份关系。

(三)企业孵化器在我国的现状与发展

企业孵化器在推动高新技术产业的发展,扶植中小企业以及振兴区域经济等方面发挥了巨大作用,目前已在全球得到高度重视和发展。

孵化器体系的建立和完善为我国的高新技术企业的发展提供了一个广阔的舞台,对高新技术的产业化、区域创新体系的建设、区域经济的发展以及科研院所和大学科研成果的产业化都起到了积极的影响和作用。

经过十多年的发展,我国目前已建成525家各类孵化器,数量仅次于美国,居世界第二位,并已形成多元化、多层次、官产学研相结合的孵化体系。当前,我国孵化器在表现形式上各有特点,可谓丰富多样。我国企业孵化器的发展方向如下。

1. 从综合性到专业化

从名称上就直观地反映出企业孵化器自身的发展轨迹。较早是以发展综合性创业园为主,针对国家提供扶植的、在未来有竞争力和极大市场的基础性行业,如信息技术、新材料、新能源、环境、生物制药等各种产业,为高新技术成果商品化、产业化在创业阶段提供孵化场地、开发条件、资金筹措、人才培育和指导性管理等综合服务。创业服务中心是由各地政府、科委和高新技术产业开发区支持,面向社会开展服务的公益性科技事业服务机构。随后,在综合性创业中心的基础上又逐渐裂变出一系列专业性创业中心,其中软件孵化器近年来尤其引人注目。

2. 网络化与国际化

随着现代技术和产业的专业化分工不断细化,随着经济全球化的需求不断增强,孵化器在专业化的同时,向国际化和网络化拓展的要求也日益迫切。一方面,我国地区级的跨省区的孵化器网络已经建成,全国性的创业中心网络也在建设中。另一方面,国际企业孵化器将进一步加深与海外孵化器之间的合作,通过与国外孵化器的合作,致力于帮助中小企业拓展国际市场。面向新世纪企业孵化器所肩负的使命也在发生变化，一是要把国外的企业吸引到我们的国际企业孵化器中来，二是要把国内的企业介绍到国外的孵化器中去，拿到国际市场环境中去孵化，真正培养出一批国际企业。

说到底孵化器的核心功能应当是资源整合，它必须把政府、产业、技术、资金等资源加以整合，并且接入到被孵化的对象上，才能完成它的使命。它需要不断探索创新，孵化器网络提出了孵化器之间、孵化器与其他机构之间的联合。

由于认识到孵化器对中小企业独有的吸引力，对经济生活的重要作用，政府给予了极大关注，其他像投资机构、中介咨询机构，产业界、研发组织也给予了相应的重视。关注、合作的有效方式就是形成网络，通过交流来实现不同利益团体之间的资源共享，推动孵化器产业发展。

3. 从政府行为到企业行为

办孵化器过去多年来更多的是政府行为，由当地政府提供资金投入和相应的政策支持，被孵企业在孵化期之内可以享受到环境、服务、税收等方面的一系列优惠政策，使创业风险尽可能降到最低。这就是所谓"创业园"模式。

一般来说，孵化期不超过三年。企业的成长就像人的成长一样，不可能永远呆在温室中。中小企业在创业初期往往非常脆弱，在真正的市场环境下，因为受各种因素的影响很容易夭折，但是经过三年的孵化成长，就必须接受市场的洗礼，否则企业永远也长不大。在最初的起始阶段给予被孵化企业必要的保护是必要的，它使企业的成活率大大提高。

政府行为决定了创业园的非营利性，当地政府往往从大循环考虑，经过选择，进入孵化器中的企业大多成长性非常好，毕业之后在当地发展壮大，为当地政府从税收、就业等方面带来巨大的回报。

尽管如此，创业园式孵化器自身仍然面临着对政府的依赖性的问题，在我国一些较大的创业中心（国家级创业中心）中，常常有超过100家的在孵企业，资金的压力很难回避。要解决这一难题，根本的出路在于孵化器本身由单纯的服务和管理模式向产业化模式转变。创业中心纷纷尝试适应社会主义市场经济的运行机制，通过有偿服务逐步实现自主经营、自我约束、自我发展的良性循环，积极探索建立高新技术的风险投资机制。同时也催生了一种新的发展趋势，就是大企业自己办孵化器。在国外许多大企业愿意到孵化器中去找项目，他们看到一些小企业有出色的项目就买过来，或者采取入股的方式、风险投资的方式等等，他们认为这种方式是成本效益最合算的，一些企业发现如果它自己办一个孵化器吸引外面的人来搞项目，往往会有意想不到的收获。在国内，大企业办孵化器将一种全新的动作模式带入孵化器产业，它使近年来我国孵化器产业由量的积累向质的突破迈出了一步。正是这一步，从体现政府行为的高新技术创业园向体现企业行为的新型企业孵化器的突破，使孵化器概念成为一匹黑马，成为媒体共同关注的热点话题。

4. 新型孵化器的崛起

国内率先采取这种新型孵化器运用模式的大企业要数清华同方了。清华同方公司主办的清华软件孵化器与传统的服务型企业孵化器的根本区别在于，它拥有服务型企业孵化器所不具备的重大优势，如资本运作的优势、技术的优势、市场渠道的优势、品牌的优势，孵化器本身就是一种企业运作，直接目标就是获取高收益、高回报。

这种新型孵化器或者称之为企业孵化器，为大企业找到了一条通向市场的捷径，同时也为小企业找到了一条通向市场的捷径。

（四）企业孵化器的功能与建设

1. 中小企业孵化器的功能

企业孵化器自诞生之日起，就将自己定在新兴企业"保姆"这个位置，并一直致力于扮演好自己的角色。根据世界各国企业孵化器的发展和提供的服务，企业孵化器通常为小企业提供以下服务：

（1）向新建小企业提供场地。这是企业孵化器的基本功能。场地包括办公、实验和生产用地。提供的房租要让客户负担得起，且搬进、搬出都很方便。

（2）为客户公司提供后勤服务。提供一系列共享的后勤服务，包括：收发文件和信件、办公室设备及家具、复印、文字处理与打印、计算机设备、商业图书馆、安全设施、库房、接待设备及接待员、会议室、电传电话、秘书工作、食堂以及孵化器场地的维修等。

（3）帮助企业家制订经营规划。企业孵化器向申请的小企业人员提供基本训练和一般性指导，帮助他们制订一份周密可行的经营计划。这也是企业孵化器筛选、考核申请进入孵化器企业的一个重要步骤。通过这一步，筛选出那些市场前景有相当把握的企业进入孵化器，以保证较高的孵化率。

（4）提供科研设备。进入孵化器的公司大多从事高技术的研究与开发。但他们一般都缺乏研究尖端技术所需要的实验设备。孵化器通常利用其与大学或科研机构的紧密联系，促使大学或科研机构向客户公司无偿或廉价提供科研设备。

（5）帮助解决资金。帮助小企业打通与商业银行和风险投资公司的联系渠道，建立孵化器自己的种子投资基金，或作为风险投资的代理人，为小企业进行资金担保，简化资金借贷手续，使财力资助更方便。

（6）帮助开发市场。通过孵化器与其他机构的联系，建立地区、全国乃至国际市场支持网络，帮助小企业开发新产品市场。

另外，还为客户公司提供律师和会计师等专业服务；为客户公司的职工，包括经理进行创业和管理技能等方面的培训；有步骤、系统地培养具有特色经营小企业的人才，即挑选可孵化的创业家；鼓励创建小企业的精神，树立成功创业家样板等。

依据孵化器的投资主体不同，孵化器的职能也各有取舍，但设立孵化器的根本宗旨是一样的，那就是为那些具有广阔市场前景和较高发展潜质的中小企业，特别是处于创办初期、急需扶持的小企业提供资金、形象设计、协调、专家和开发服务，使它们得到迅速成长和发展。

2. 企业孵化器的建立和运作

企业孵化器的目标是为经过挑选而进入孵化器的新建企业提供低价的生存条件和相关信息，帮助企业制订、评审、修订业务计划，组织必要的培训以提高创业者的各种技能，使新企业迅速成长，在几年内离开孵化器独立经营。因此企业孵化器一般至少必须具备包括生产车间、办公用的房屋和通讯等办公设施及行政、经营专家和秘书人员在内的一系列条件。通常国外一

个企业孵化器的发展要经历以下几个阶段:

(1)前期准备。这是一个烦琐而又复杂的过程,包括可行性论证、运营计划、引进人才等。这一阶段从决定成立孵化器并着手进行调研开始,到进驻办公场所开始受理企业进驻申请结束。需要说明的是,优秀的管理团队是企业孵化器成功运作的核心和关键,因此开办前期准备阶段即应着手经营管理人才的引进和培养。一个成功的企业管理团队应该具有以下的标准:①管理人员平均年龄要年轻化,教育水平要高而且具有国际运作的能力;②企业孵化器总经理聘请高素质、高水平、国际化的复合型人才,应能独立参加国际会议或交往活动,能熟练使用计算机和互联网,并有较强的公共活动能力和一定的国际经贸知识;③全体管理人员应精通英语、企业经营、贸易和相应的专业知识。为吸引和培养适应国际化运作的孵化器工作人员,可以通过国际猎头公司、外国企业孵化器、科学园区、国外商会、中小企业组织、留学生团体及驻华使领馆等机构和团体建立业务合作关系,互相交流信息,通过国际互联网发布招商信息。

(2)创业阶段。为了企业孵化器的生存,这个阶段着重是更快更多地吸收企业进入孵化器。可以适当多收一些已有一定效益的公司,同新办小企业相比,它较有把握交付租费。这时,孵化器与租户之间的关系类似于传统的房东和客户之间的关系。虽然也提供后勤服务,但很注重孵化器应有的管理咨询等服务。当租户公司占满了孵化器的场地之后,这一阶段就结束了。该阶段可能持续1~3年。

(3)业务发展阶段。该阶段孵化器基本实现了自身的收支平衡,至少是房租收取基本与维持生存的费用相抵。在这一阶段,孵化器一般开始与租户建立业务协作关系,参与管理,并逐步完善接收企业的步骤与企业毕业的标准与程序。

(4)成熟阶段。这个时期孵化器已经成长为一个盈利的服务机构,已经可以对各种租户公司提供很全面的管理咨询服务和完善的后勤服务;申请进入孵化器的公司数大大超过其接纳能力。这时,孵化器已有较严格的企业接收标准,以保证其接收的企业中,能力强的企业占较大的比例;已有明确的挑选程序进行孵化企业的周转；孵化器的收入来源不仅有租费，还有投资所盈利润、租户公司产品销售提成、管理咨询所得等。

3. 孵化器对企业的选择

（1）对孵化企业的选择。孵化器成功的标志是其孵化企业的成功。不同类型的孵化器毕业率相差颇大。美国的企业在孵化器中的平均入驻时间为2.2年。开办七年以上的孵化器平均年毕业企业3.1个，开办四年以下的孵化器平均每年毕业企业1.5个。因而，孵化企业的选择非常重要。在确定孵化器的形象、主要任务的同时，就要确定选择孵化企业的标准，并实施比较严格的接纳步骤，以保证自己的孵化质量。

我国的企业孵化机构（高新技术创业服务中心）对入驻企业有严格的入选标准，具体如下：

①入驻企业必须属于高新技术产业。按国家科委的火炬计划要求，高新技术产业包括微电子科学和电子信息技术、空间科学和航天技术、光电子科学和光电一体化技术、生命科学和生物工程技术、材料科学和新材料技术、能源科学和新能源、高效节能技术、生态科学和环境保护技术、地球科学和海洋工程技术、基本物质科学和辐射技术、医药科学和生物工程技术、其他在传统产业基础上应用的新工艺、新技术。从事上述领域的产品研发、生产的企业可以申请。

②入驻企业要有开发、生产行为。申请入驻企业不能仅仅是一个咨询部门、中介部门或贸易公司。许多创业中心强调进驻企业应致力于科技成果的转化，要有生产行为。所谓生产行为包括零部件的生产、整机组装、总体调试、检测或是整个的生产过程。

③入驻企业要有成长潜质。新建小企业尽管整个生产过程未能独立，都要与外界协作，但是如果企业具有很高的发展性和市场前景，企业的开发项目技术含量高，有批量生产的前景，有市场潜力；企业有较强的技术开发实力，能够不断地开发出新产品；企业的领导人进取心强、有志于规模发展，则同样可以申请入驻。

④入驻企业要能符合创业中心的基本条件。创业中心承载入驻企业具有

一定的容量,只能为人驻企业提供一个优化的共享环境,不可能满足每个企业的需求。企业应适应创业中心提供的条件如供电量、供水量、楼板负荷、噪音与污染标准、允许设备高度等,超出条件限制的企业是无法接纳的。

4. 企业入驻的申办程序

满足以上条件的企业,可以申请入驻创业中心,其审批程序一般是:

(1)申请。符合条件的企业可以向创业中心提交申请,申请包括兴办企业的基本情况,如技术水平、项目开发状况、市场前景、法人情况等,以及对创业中心的要求如用水量、用电量、场地面积、楼板承重等。创业中心一般备有"入驻指南",供企业查询。"入驻指南"中写明了创业中心的性质、任务,对入驻企业的要求如申请需提交的文件、租金标准等入驻条件,都有明确的要求。

(2)评估。接到申请者提交的材料,创业中心将组织专业人员对申请企业进行评估,主要包括以下方面:

①技术评估:项目属于高新技术门类;科技成果较为成熟;科技成果不能有知识产权纠纷。

②经济评估:包括资金评估,即申请者有无适当的注册资金,有无补充资金渠道;财务评估,评审企业的财务规划,项目投产后的年产值、利润计划;无形资产评估。

③市场评估:评估拟开发产品的市场需求,销售渠道及价格情况等。

④法人评估:了解企业法人的简历、在项目开发中的作用、管理能力、人的品质等。法人评估的方式一般为面谈及向其原任职单位进行了解。

(3)签约。经过评估后,获准入驻的企业和创业中心签订协议。协议文本一般包括孵化协议书、房屋租赁协议书、安全责任书等。双方签约后,申请方照章付费,创业中心将场地交付使用并提供相应服务,入驻企业便开始正式运营。

(4)毕业。创业中心的主要任务是对新建的科技型小企业进行培育扶植,包括场所、管理、融资、通讯等方面的帮助。当企业度过初期,开发、生产和经营已经步入正轨,有了自主经营的生存能力时,就需要离开创业中心,以扩大企业规模,让位给另一些新建的小企业。因此,入驻企业要有一个"孵化期",即经过一段时间后,企业要从创业中心"毕业"。

国内外的企业孵化器或创业中心没有一个严格的企业毕业标准,国内创业中心一般从以下几个方面考虑企业能否"毕业":

①孵化时间。一般认为3~5年为宜。一项科研成果转化成商品需要一个漫长的过程,产品推向市场获得反馈后,产品要不断完善,企业内部管理不断完善,这一般最少需要两年左右的时间。国家科委在《关于对我国高新技术创业服务中心工作的原则意见》中指出:"创业中心对接收的企业,通过3年左右的孵化,应使其必须离开孵化场地。自主经营、自我发展,以便再接收新的孵化企业。"在实际运作中,一般将"孵化期"规定不超过5年。

②成果商品化。企业在孵化期内完成科技成果的转化,制成样机或样品。企业内的技术人员在完善产品的过程中对市场有了进一步的认识,有能力开发新产品或其他新产品,使企业得以不断有新产品投入市场,实现成果商品化。

③相对稳定的市场:企业离开创业中心之前,应在某一行业或工业内有一定的知名度,其产品的销售有比较固定的渠道,销售网络初步建立。

④管理完善。企业领导人对所从事的技术、经营领域相关的法律、法规比较熟悉。企业的各项制度,包括财务制度、用工制度等都建立起来了,制订了切实可行的企业发展计划。

⑤资金充足。经过几年的运转,企业应有资金积累,可以扩大生产规模,或者有一定数额的固定资产可用于抵押贷款,或是具有有效的筹资渠道,为规模发展准备好条件。

(五)企业孵化器的体制分析

我国在孵化器的试验、实践中,孵化器从初期单一的政府出资发展到多种投资主体纷纷介入,特别是进入20世纪90年代中后期,这种趋势更为明显。随着不同性质和类型的投资主体参与到孵化器的建立中,孵化器从起初只赋有单一功能、只提供简单服务、只作为事业单位发展到了具有多种功能或专业功能、提供多层次大范围服务,并且很多孵化器特别是新建的孵化器有限责任公司已不再是事业单位的身份和功能。企业孵化器发展到今天,已经出现了多种不同类型的孵化器。从孵化器的投资主体分，可以分作政府投资型、企业一元化投资型、大学或研究机构投资型、社会团体投资型、私人或民营企业投资型、混合投资型等。不同的创办主体有着不同的特性，不同的产权结构特点决定了企业孵化器的不同性质和运作机制。

1. 孵化器的投资主体

（1）政府创办的企业孵化器。政府创办的孵化器以各个地区的创业服务中心为代表，它不是独立的商业模式，往往只是本地区内的开发区的一个部分，作为开发区企业提供科技成果转化等职能，是政府职能部门，是贯彻执行国家和地区政府法规的最直接手段，它追求的主要目标是良好的社会效益，是政府行为，在此基础上促进社会经济的发展。政府创办孵化器，是希望通过孵化器这种形式改善就业环境，促进高新技术产业发展，孵化出更多的成功企业，增加社会的就业机会，最终促进经济发展和社会的稳定。因为这类企业孵化器背后有直接的政府支持，所以并不讲求直接的经济效益。目前，中国大部分创业中心都属于这种类型，如北京创业中心、天津孵化器等。这类综合性科技企业孵化器面向所有高新技术领域，为科技成果转化和新办科技型企业提供场地、设施、相关服务以及培训和咨询指导，组织开展创业投资活动，推动"技术—资本—商品"以及"研究单位—企业—市场"的有效结合，培育前景好的高新技术企业和企业家。

（2）大学创办的大学科技园。这是专门支持发展大学学生或职员所创办的企业，这样的孵化器能够以该大学或研究机构特许的高新技术为基础，或以开发出来的工艺、仪器或计算机技术为基础。以这些技术、智力资源、信息资源和研究开发条件为依托，创办或扶持相关企业的发展，从而缩短科技研究成果商业化的周期，成为促进高等院校研究成果转化和企业孵化的另一种有效形式。这类孵化器还能利用大学或研究机构的科研优势和人才优势，是各国大力发展企业孵化器的突破口。我国这种类型的科技园有清华创业园区、北大创业园区等。

（3）私人或投资商创办的企业孵化器。主要由风险资本家与种子基金投资集团、"天使"投资人创办，也有大企业和房地产商合伙办的。这类孵化器具有更强的营利性，主要向客户公司、新技术的应用和技术转让等进行投资，以赚取高额利润，并通过开发工业性与商业性房地产使其产生增值作用，从而达到盈利的目的。实际上这种孵化器的创办已经是典型的市场行为，因为对于私人投资者来说，已经将孵化器看作一个企业——一个培育企业的企业，通过孵化器经营达到投资回报的目的。孵化器自身必须考虑生存和发展问题，投资主体要进行投资受益分析。这类孵化器的出现，使得孵化器成为了真正意义上的商业模式。如今在我国，孵化器这种商业模式越来越受重视，已经出现一些以私人或者社会团体投资的企业孵化器。

（4）大企业（产业）创办的孵化器。作为大企业创办的孵化器或类孵化器机构，主要是寻找更多的企业效益增长点，在企业内部培育创业精神，鼓励创业实践以促进、营造与中小企业抗衡的创新竞争能力和企业的创新氛围，激发内部员工的创业热情，促进核心业务的发展。大企业认为在企业内部创建小企业或成立独立实体时，个人和小组的加入就很容易，企业可以像投资银行和共同基金一样在其中建立股份；独立的、高度分散的、小的单位组织利用统一的目标、集中的网络和共享的信息，可以成为在一个复杂环境中进行自我创新、自我成长的创新体系。国外如HP、3M、IBM、雷化学公司等都有企业自创的孵化机构，国内的联想公司也正在筹建孵化器。这类孵化机构一般由企业独家出资兴建，投资主体单一。

（5）科研院所创办的孵化器。以该研究机构特许的高新技术为基础，或以开发出来的工艺、仪器、设备或计算机技术为基础，然后以这些技术、智力资源、信息资源和研究开发条件为依托，为全体职员提供科研的机会，并给职员和相关的组织和社会人士提供创办企业的机会，如此能够大大提高科研院所的各种资源的利用效率和成果转化。例如北京微电子设计企业孵化器的创建，就是北京自动测试技术研究所和北京微电子技术研究所联合其他投资机构而设立的。

（6）国有企业创办的孵化器。国有企业创办孵化器是利用国有企业的各种资源，如厂房、设备等条件，在企业内建立的孵化器，是大企业建立孵化器在国有企业中的有益尝试。目前，北京的国有企业创办孵化器建设进入起步阶段，已经建成的孵化器有北京制造业高新技术产业孵化基地、北京崇熙孵化器、北京诺飞科技孵化器等一批国有企业创办的孵化器，它们都按照公司制运行，并已取得初步成效。

（7）国际企业孵化器。国际企业孵化器是在综合性科技企业孵化器基础上的发展和提高，是创业中心二次创业的一项重要内容。它提供具有国际水平的基础设施和服务环境，通过优质的服务以及海内外广泛的工作网络和信息，一方面引进国外的中小科技企业、研究开发机构和科技成果，帮助其与中国企业合作，开拓市场、共同发展；另一方面为我国的中小科技企业和大企业的研究开发机构进入国际市场、拓展国际业务提供服务。目前科技部在联合国开发计划署专家的帮助下，已批准建立了北京、苏州、重庆、成都、武汉、天津、上海、西安八个国际企业孵化器试点单位。

（8）留学生创业园。为吸收优秀的海外留学人员归国创业，我国建立了面向留学生的孵化器。在科技部、教育部、人事部的共同努力与支持下，目前已经在北京、上海、苏州等地建立了25个依托创业中心的留学人员创业园。留学生创业园基本上是由国家投资。类似留学生创业园的还有软件园等专业组织。

另外，还有网络企业孵化器（虚拟孵化器）、流动孵化站等。

2. 孵化器的产权结构

经济学中所谓的产权，通常的解释是，资源稀缺条件下人们使用资源的权利，或者人们使用资源的适当规则。利用这种权利，可以自由选择一种对特定物品的合作方式，包括对财产的使用权、转让权以及和这两种权利相关的收益权。不同的产权主体有不同的偏好。在使用资源的权利时会表现出各自有别的倾向性。通常所说的所有制概念，是指构成产权的权利没有被分散，而是完全集中于同一主体的产权制度，这是对产权制度的初始规定。当产权经过交易后，构成产权的一组权利部分或全部转让将改变初始的产权结构，并由此改进资源的配置。

我国的孵化器，尤其早期建立的创业中心的典型产权特点是政府作为等级组织对其进行直接管理。创业中心基本上不存在是否具有市场合法地位的问题，因为企业的投入和产出都由政府直接控制和协调，孵化器的产权由政府独家拥有,产权制度高度集中。创业中心也不具有一般企业的含义,它的投入产出不经由契约关系与市场联结,创业中心拥有的权利不足以使它成为自主经营和发展的独立实体。其他投资主体都被严格地排斥在外,根本没有和政府交易孵化器产权的权利,甚至连可能性都不存在。

政府是唯一的投资者,拥有完全的产权,这在市场经济体系中被指责为低效率。但必须指出,创业中心这种政企合一的等级组织并不一定等同于低效率,关键在于它所处的环境性质。当创业的环境或市场很薄弱甚至尚未建立的时候,现代性质的企业还不能够发挥作用时,创业中心就必须由政府创办,尤其是当创业中心直接提供管理和服务的在孵企业数量还是政府直接管理的理性边界之内时,政企合一的组织体制就是有效率的。这种体制特点可以很好地解释创业中心十几年来所取得的丰硕成果。但是,一旦在这种组织体制下成长起来的生产力规模和生产的复杂性超出了政府直接管理的理性边界,体制效率的急剧下降就必然发生。此时,通过改革改变原有的体制组织形态就成为必然,这就类似于我国其他经济改革的发生背景。

创业中心引入市场体制改革的首要目标,因为市场是大量交易活动进行中最能降低费用、最有效率的体制组织,创业中心只有与市场建立联系,并且推进市场化进程,才能转变成真正的企业,政府在这个过程中才能实现真正的职能转变。对创业中心的产权改革,特别是对转让权和收益权的重新安排和处置,将是决定创业中心未来发展的最重要的因素。

3.孵化器的公司治理结构

以孵化器的产权界定为出发点,来分析孵化器的公司治理结构是研究孵化器体制组织和机制运行的重点。孵化器的公司治理结构是指孵化器内部组织机构和权利分配的制度安排,体现现代公司的普遍特点,具有以下的产权特征:

(1)所有权和控制权相分离,公司不再由股东所控制和经营,而由股东大会选举产生的董事会授权总经理去经营管理。

(2)财产权的可分割性,表现在财产不再完整地归于一个主体所有,而是不同的利益主体所有。

(3)产权可以自由转让,具备市场的可交易性。

(4)产权的有限责任性，公司以全部财产对外承担有限责任。

(5)产权的法人性，公司以法人财产为基础，在法律上享有与自然人相同的权利。

孵化器作为现代企业的一种，在产权界定的前提下，同样应该体现现代公司的产权特征，孵化器的治理结构应该具有如下特征：

(1)权责分明，各司其职。孵化器内部组织系统由权力机构、决策机构、监督机构和执行机构组成，各个机构的权利和职责都是明确的。股东大会是公司的最高权力机构，代表公司产权的所有者对公司拥有最终控制权和决策权；董事会是公司的经营决策机构，对股东大会负责，执行股东大会的决议；监事会是公司的监督机构，对股东大会负责，监督董事会和经理的行为；经理是公司决策的执行者，对董事会负责，在公司章程和董事会授权范围内行使职权，开展公司日常经营活动。

(2)委托代理，纵向授权。在孵化器中，各组织层级之间是以委托代理关系来维持的，这种委托代理关系是由法律法规规定并予以保障的，体现了一种平等的法律关系，而不是行政命令和服从的上下级关系。股东大会作为委托人将它的财产交董事会代理，同时委托监事会予以监督。作为代理者，董事会又将公司财产委托给代理层代为管理。从经理到员工，也可能存在若干层次。这些委托代理关系是以劳动契约为界限的资、权、利和股份的关系，在法律框架内严格实施。

(3)激励机制和制衡机制并存。代理中往往存在信息的不对称性问题，主要相关人员的道德风险和逆向选择的问题，所以就有了激励机制和制衡机制的必要。委托人通过制定激励机制，包括货币激励(指物质利益和物质报酬)和非货币激励(指名誉激励和职位消费)，促使代理人以最大的努力实现公司价值提升，同时以制衡机制制约代理人的不良行为。制衡关系存在于股东与董事会之间、董事会与高级经理之间、监事会与董事会和高级经理之间。公司外部充分竞争的经理市场的存在为这种制衡机制提供了前提条件，通过竞争，可以选择最优秀的管理人才。

第五章　如何创办中小企业

创办一个企业，是一个从无到有、从小到大的过程。在这个过程中，有许多繁杂的事情需要创业者去面对、去解决。创业者在做好了企业创立的前期筹备工作后，接下来就要着手把自己的企业创立起来，使计划与梦想成为看得见、摸得着的实体。

一、企业形式要适合自己

当创业者经过了认真的市场分析与市场调查之后，就能把创业项目确定下来。这时候，创业者需要考虑企业形式的问题：创办什么样的企业？是独资企业、合伙企业，还是有限责任公司？这三种企业形式各有什么优势和缺点？在你现有的资源条件和目标约束之下，哪种企业形式对你最适合？

根据法律规定，我国小企业采用的企业形式主要有以下三种：个人独资企业、合伙企业以及有限责任公司。

（1）个人独资企业，通常完全由一个人出资经营。

（2）合伙企业，由二人或多人共同出资经营。

（3）有限责任公司，公司所有权被若干持股人拥有。这些股东根据股份的大小对公司拥有不等的控制权。

（一）个人独资企业

大部分创业者准备成立的企业很可能是个人独资企业。按照我国的法律，个人独资企业是指由一个自然人投资，财产为投资人个人所有，投资人以其个人财产对企业债务承担无限责任的经营实体。这种企业形式的最大特点是并不要求非常正式的企业组织结构和程序。而且税收与公司财务账目的处理也相对要简便得多。

当你作为一个独资企业主的时候，法律对你个人和对你的企业是不加区分。在法律上，独资企业就像个人的房屋、汽车和其他财产一样，也是个人财产的一部分。因此，当独资企业经营失败时，创业者面对的往往不仅是企业的资产要付诸东流，而且个人的其他财产都可能成为抵偿债务的物品，这就是所谓的无限责任。

按照《中华人民共和国个人独资企业法》的规定，设立个人独资企业需要具备下列条件：

（1）投资人为一个自然人。

（2）有合法的企业名称。

（3）有投资人申报的出资。

（4）有固定的生产经营场所和必要的生产经营条件。

（5）有必要的从业人员。

《独资企业法》及其相关规定，与传统的法规相比，使个人注册和经营个人独资企业变得更加容易了，资本要求和注册程序有了进一步的放宽。这使创业者设立企业变得更加便利。《中华人民共和国个人独资企业法》颁布后，很多媒体夸张地称："个人办企业——一步之遥"，"一元钱当老板"等，也说明了关于独资企业的新法律在创业者心中所引起的震动。

法律对个人独资企业的要求很有限，但在成立独资企业时要做好以下几件事：

（1）在银行为企业设立一个独立的账户。这一般是税务机构所要求的，也是个人顺利经营业务的需要。

（2）购买一份个人人寿保险和医疗保险。当我们在大企业工作的时间，医疗保险和人寿保险一般都有专门的企业部门代劳；但我们自己成为企业主后，最好能自己购买一份医疗保险和人寿保险，因为各种不确定性都是存在的。

（3）为企业的设备进行保险，这也是减少风险的措施。

之所以许多创业者一开始选择独资企业这种企业形式，是因为个人独资企业为创业者提供了很大的便利。

（1）容易组建。工商部门对企业注册的要求很宽松。创业者一开始不一定要有很强的资金实力，也不必租用高级写字楼，起步规模可以很小，不少创业者甚至是在家里开始第一笔生意的。

（2）你具有完全的决策权。你可以按照自己的计划、按照个人愿意的方式开展经营，并且可以随时对经营管理情况进行调整，而不必获得其他人的许可。

（3）所有利润都归你自己。你从企业的发展获得100%的好处，没有人会提出与你分享利润的要求。

（4）不必对其他人及股东大会通报企业的经营情况。如果你觉得必要，你甚至可以不把经营情况告诉你的家人和好友。

（5）按照法律的规定，还享有一些税收上的优惠。这种税收上的好处在我国各地是不一样的，在你作税收计划前，可以参考一下当地政府部门的具体规定。

但是，创办个人独资企业也有一些缺点和不便：

（1）独资企业最大的缺点可能是无限责任，你必须对经营中所有的债务负全部责任。如果破产，债权人有权要求出售企业财产和创业者个人物品以抵债。按照《中华人民共和国个人独资企业法》第十八条规定："个人独资企业投资人在申请企业设立登记时明确以其家庭共有财产作为个人出资的，应当依法以家庭共有财产对企业债务承担无限责任。"该法的第三十一条又规定："个人独资企业财产不足以清偿债务的，投资人应当以其个人的其他财产予以清偿。"

（2）信誉不高、地位较低。一般来说，个人独资企业的信誉与创业者个人的信誉是等值的。作为独资企业的企业主，你企业的信誉完全建立在你个人信誉的基础上。当我们与大公司签经济合同时，即使我们不喜欢与我们打交道的人，但我们还是会爽快地签下合同，因为我们知道，对方的公司是有信誉的。但是，与个人独资企业打交道就不一样了，如果我们发现企业主不值得信任，那么我们不会签订合同。即使企业主个人人品很好，我们还会犹豫，因为个人独资企业的倒闭是司空见惯的事情。

（3）缺乏鼎力支持者。在合伙企业制下，你可以得到合伙人的鼎力支持，但是作为独资企业的主人，你只有一个人单枪匹马地工作，而员工的想法、利益很少与你完全一致。你或许可以得到家人的支持，但你还是可能产生孤独感。

在很多情况下，个人独资企业实际上是由夫妇两人共同经营的。在法国，以独资企业面貌出现的企业很可能都是由夫妇俩共同负责的；而在美国，夫妇二人共同经营的企业却需要按合伙制或有限责任公司方式组织。在中国，个人独资企业更多的可能是夫妇两人共同经营的。但从严格的法律角度讲，夫妇两人的财产又是可区分的，因此，如果从企业风险方面来考虑，为了避免经营失败后一无所有的情况发生，你可以从法律上将家庭财产的一定比例划归你的配偶所有。这样，你的债主就无权要求你用这部分财产还债。

（二）合伙企业

国际上许多著名企业一开始是合伙企业，比如微软公司是由比尔·盖茨和艾伦一起创办的，惠普公司是由帕卡德和休利特一起创办的。但在中国成功的合伙企业的例子比较少，会计财务制度的不健全、社会信任度的低下以及中国传统人格中的缺憾都不利于合伙企业在中国获得巨大的成功。但这并不是说合伙企业无法成功，只要合伙人精诚团结，并且制定切实可行的合伙协议和制度，合伙企业成功的可能性还是很大的。

按照《中华人民共和国合伙企业法》的规定，合伙企业是指在中国境内设立的由合伙人订立合伙协议，共同出资、合伙经营、共享收益、共担风险，并对合伙企业债务承担无限连带责任的营利性组织。合伙企业要求全体合伙人协商一致，并以书面形式订立合伙协议。成立合伙企业要求具备以下五个条件。

（1）有两个以上合伙人，并且都是依法承担无限责任者。

（2）有书面合伙协议。

（3）有各合伙人实际缴付的出资。

（4）有合伙企业的名称。

（5）有经营场所和从事合伙经营的必要条件。

合伙企业中合伙人的关系实际上是一种个人独资企业主的联合,通过这种组织方式共同承担与个人财产相关联的法律责任。由于合伙企业是共同经营、利益共享、风险共担,因此选择合适的合伙对象就成为合伙企业成功的关键。选择恰当的合伙对象要注意几个关键的问题。首要一条就是合伙者必须互相信任,做到密切配合,这一条在目前中国的情况下尤为重要。众所周知,中国目前企业经营过程中的制度还不是很健全,尤其是一直无法形成严格规范的财务与会计制度,如果合伙人之间无法相互信任,那么就很可能在一些非经营性问题上发生争吵,有可能使得合伙企业关系破裂。

另外,建立合伙企业中还有另外一个问题,那就是应该考查一下你的性格是否适合当合伙人,适合与其他合伙人合作。有的人个性太强,不能平等地接受他人的想法,不能与人共享资源,就不适合于参加合伙;有一些合伙人都很优秀,但彼此之间是性格冲突,而不是性格互补,这样共同创业也很容易失败。有这样一个例子,张先生与别人合伙不到一年,就解除了合伙协议。他们的共同项目是一家书店,张先生实际上干图书销售这一行有好多年了,他曾经非常成功的经营了一家小书店,但他希望扩大企业的经营规模,而没有足够的钱。于是他想通过找人合伙来解决资金问题。但是,新的书店开张后,他发现自己容忍不了合伙人对书店经营方式的干涉,他与合伙人在书店经营的很多问题上都有分歧。张先生承认他的合伙者完全有权就书店经营提出自己的看法,而真正的问题在于他个人的性格和他的合伙人性格之间的冲突。

从合作的方式与风险的分担情况来看,合伙关系几乎是如同婚姻关系一样密切。因此,选择合伙对象就像找婚姻对象一样必须十分认真和慎重。合伙人对企业责任承担无限连带责任,当企业破产时,不管谁的过失,所有合伙人都必须以个人物品抵债。因此,如果你想选择合伙企业作为创业的开始,你在选择合伙人方面要慎之又慎。在商业社会中,并不存在一条成功建立合伙企业的黄金法则,但从已有的商业实践来看,大多数成功的合伙关系建立时合伙人往往互相认识很长时间,可能是朋友,也可能是贸易伙伴,而且他们的才能和性格恰好能够形成互补。如果两个多年的老朋友一个精通技术、另一个精通管理,一个善于销售、另一个善于从生产角度严格控制质量,那么成功的可能性就要大得多。

成功建立合伙企业中的另一个问题是要恰当地处理合伙协议问题。前面已经提到,合伙企业法规定,任何合伙企业成立都要签署书面的合伙协议。合伙企业的合伙协议实际上在某种程度上就决定了合伙企业能否成功。一般来说,请律师起草合伙协议是一种比较稳妥的做法,可以确保合伙协议的质量;但对于创业初期的合伙人来说,律师费用过于昂贵,因此很多人愿意自己起草合伙协议。如果你在创业前能对合伙企业法进行一定的研究,并且能对合伙人的所有利益要求有充分的考虑,那么起草一份成功的合伙协议也不是一件很难的事情。根据《中华人民共和国合伙企业法》规定,合伙协议应当载明下列事项:

(1)合伙企业的名称和主要经营场所的地点。

(2)合伙目的和合伙企业的经营范围。

(3)合伙人姓名及其住所。

(4)合伙人出资的方式、数额和缴付出资的期限。

(5)利润分配和亏损分担办法。

(6)合伙企业事务的执行。

(7)入伙与退伙。

(8)合伙企业的解散与清算。

(9)违约责任。

另外,合伙协议可以载明合伙企业的经营期限和合伙人争议的解决方式。

人们之所以愿意选择合伙企业作为创业的企业形式,是由于合伙企业具有一些重要的优点,而这些优点是个人独资企业或有限责任公司所不具有的。

(1)与有限责任公司相比,建立合伙企业的手续相对很简单,非常便利。

(2)如果合伙人都对企业投入资金的话,合伙企业能够获得较多的启动资金。而这种资金的集合对创业者初期的创业活动可能是非常重要的。

(3)合伙人之间可以形成技能互补,一个合伙者擅长技术,另一个合伙人具有管理才能,又有人善于理财和提出创意,这与一个人单枪匹马相比往往更能有效地利用各自的优势，而优势的整合往往就意味着成功。

（4）合伙人之间可以互相增强信心，一个合伙人可以从其他人身上获得力量，而且合伙人之间能够分担责任。

（5）与有限责任公司相比，合伙企业在公司管理制度、会计财务等方面可以相对简单一些。

但合伙企业也有很多弱点，这些弱点使很多人对合伙企业望而生畏。其中有些弱点是一般合伙企业都有的，但另外一些弱点是中国的合伙企业所特有的，这些特点也往往构成了合伙企业失败的原因。

（1）每个合伙人都对合伙企业承担无限责任，而且不管是谁的过失造成了企业的损失。《合伙企业法》规定"合伙企业对其债务，应先以其全部财产进行清偿。合伙企业财产不足清偿到期债务的，各合伙人应当承担无限连带清偿责任。""以合伙企业财产清偿合伙企业债务时，其不足的部分"，由各合伙人按照合伙协议规定的比例，"用其在合伙企业出资以外的财产承担清偿责任"。

（2）信任问题。合伙企业比较容易出现信任问题，而这一问题可能是中国合伙企业失败的主要原因。如果合伙人之间互相猜疑，或者的确有人出于自己利益的考虑采取了不忠于其他合伙人的行为，那么合伙关系有可能宣告破裂。

（3）意见分歧与个性冲突。合伙企业成功的前提往往一致，对任何重大经营问题上的意见分歧以及合伙人之间的个性冲突，都可能是合伙企业趋于解体的因素。在这方面有经验的人士都知道，在合伙关系中只要出现一个武断的人，这种合伙关系就极有可能破裂。

（4）由于以上两个原因以及某个合伙人破产或者去世等等原因，合伙关系会较不稳定。

所以对创业者来说，与人合作创办合伙企业，与创办个人独资企业相比要更加谨慎。有利的合伙很可能成为一个人走向成功创业的第一步，而不利的合伙可能使创业者在外争内斗中耗干一个人的精力，陷于内外交困的无助境地。

（三）新《合伙企业法》将铺平私募基金的发展道路

随着私募股权投资基金和私募证券投资基金在我国的快速发展，2007

年6月1日,新《合伙企业法》施行,对PE(私募基金),尤其是合伙型私募基金在中国的发展具有建设性的意义。修改后的合伙企业法共一百零九条,增加了"有限合伙"这种新的合伙企业形式,此外,还根据现行合伙企业'法实施中遇到的一些问题,对现行合伙企业法的相关规定进行了修改。对于私募基金来说,新《合伙企业法》的出台既为私募基金在中国的发展扫清了法律障碍,又为私募的发展注入了活力。因为从世界范围上来讲,大多数的私募基金都采取了有限合伙这一组织形式,但是在中国,由于法律制度的不完善,原有的《合伙企业法》不能满足私募基金的需求,大多数的中国私募基金只能采用公司制这一组织形式,因此,新《合伙企业法》的出台对广大的私募投资者与管理者来说,无疑是一大喜讯。

以下简要分析一下新《合伙企业法》对中国私募基金发展的影响:

1. 承认有限合伙,丰富PE组织模式

新《合伙企业法》确定了有限合伙这种国际通行的PE组织模式在中国大陆的合法地位。原《合伙企业法》只承认全体合伙人承担无限连带责任的普通合伙即无限合伙,不承认有限合伙,这显然不能符合私募投资者的心理需要及国际上关于PE的通行组织模式。新《合伙企业法》出台后,填补了我国关于有限合伙的制度空缺。

新《合伙企业法》第二条规定,合伙企业包括两种:普通合伙企业和有限合伙企业。有限合伙由普通合伙人和有限合伙人组成,普通合伙人对合伙企业债务承担无限连带责任,有限合伙人仅以其认缴的出资额为限对合伙企业债务承担责任。有限合伙在有一个以上的人承担无限责任的基础上,允许更多的出资人承担有限责任。

对于有限合伙型私募基金来讲,这样的组织形式旨在搭建一个"能人和富人共舞"的平台,由富人(投资者、创投机构、"资本家")作为有限合伙人,在出资范围内承担有限责任;能人(经营者、"知本家")作为普通合伙人参与企业经营,对合伙企业债务承担无限连带责任。在这个制度框架下,由于普通合伙人需对合伙企业的债务承担无限连带责任,从而使企业治理实践中常见的经营者道德风险问题,一定程度上得以避免或者降低,投资者可以放心将资金交给承担无限责任的管理者。而对于普通私募投资者来讲，有限责任降低了其投资风险，明确划分了风险界限，同时允许其将有限的资金投入到多个基金项目中，充分合理地利用资源，为投资者参与私募资本市场注入了活力。

2. 承认法人合伙，满足投资人要求

根据原有的《合伙企业法》的规定，只有自然人可以成为合伙人，无法满足许多法人单位成立法人合伙的需求。所谓法人合伙，是指两个或两人以上的法人之间根据合伙合同的约定而设立的，共同出资，共同经营，共享利益共担债务，不具有法人资格的经济联合组织。新《合伙企业法》肯定了法人合伙这一形式的存在。根据修改后《合伙企业法》的规定，除国有独资公司、国有企业、上市公司以及公益性的事业单位、社会团体不得成为普通合伙人，其他的法人企业、组织可以成为普通合伙人。

因此，投资人可以成立有限责任公司作为普通合伙人加入有限合伙企业，作为基金的管理人，投资人仅以有限责任公司的净资产对合伙企业债务承担无限责任，极大的规避了无限连带责任的法律风险和投资风险。（但是，按照《公司法》第15条的规定，除法律另有规定外，公司不得成为对所投资企业的债务承担连带责任的出资人，这样，就使得基金公司、证券公司、风险投资公司以普通合伙人身份进入有限合伙企业出现了法律障碍，对此，《合伙企业法》与《公司法》之间出现的法律缝隙应当弥补。但是，实践中，已经有一些地方的工商登记部门准予有限责任公司登记成为有限合伙企业的普通合伙人，在法律实践中有限责任公司成为有限合伙的普通合伙人是可行的）。

虽然上述国有独资公司、国有企业上市公司以及公益性的公司、社会团体不得成为普通合伙人，新《合伙企业法》并不禁止其成为有限合伙人，这就给社保资金、银行资金等等找到了出路，它们可以通过成为有限合伙人，达到向私募资本市场投资的目的。

3. 区分不同合伙人类型，灵活出资制度

新《合伙企业法》第16条在规定合伙人可以以现金、实物、知识产权等财产或财产权利出资的同时，对普通合伙人与有限合伙人的出资权利作了区分。第64条规定：有限合伙人可以用货币、实物、知识产权、土地使用权或者其他财产权利作价出资。但有限合伙人不得以劳务出资。与此相对应的是，普通合伙人可以用劳务出资。所谓劳务出资，就是用不脱离人身载体的技术、管理水平等知识技能和智力进行出资。由于普通合伙人参与合伙企业事务的执行与企业的管理，承担无限责任，允许其用劳务出资不仅满足了其事务执行的要求，也完善了对管理者的激励机制。因此，基金管理人可以用劳务出资而成为有限合伙的普通合伙人，对合伙型基金的日常运营进行管理。对于有限合伙人而言，由于他们对企业债务只承担有限责任，并不负责合伙事务执行，法律规定他们不能以劳务进行出资。一般基金投资者则可以用其他资产进行投资，满足基金对资本的需求。另外，合伙不要求最低注册资本金，在出资方面比《公司法》更灵活，可以尽可能的吸纳社会上的闲置资金。

4. 减轻税务负担，取消双重税制

国内大多数私募基金采用公司制这一组织形式，但公司面临双重税制这一较沉重的税务负担。公司对经营所得需缴纳企业所得税，股东对红利所得需缴纳个人所得税，两次纳税合计可达46%，无疑是比较高的税务负担，限制了公司型基金的发展。

国务院曾对合伙企业的税收问题做了规定，根据《国务院关于个人独资企业和合伙企业征收所得税问题的通知》的规定，自2000年1月1日起，对个人独资企业和合伙企业停止征收企业所得税，其投资者的生产经营所得，比照个体工商户的生产、经营所得征收个人所得税。

新《合伙企业法》对合伙企业的税收问题给予了明示，第六条规定："合伙企业的生产经营所得和其他所得，由合伙人分别缴纳所得税。"即合伙企业在企业层面不缴纳所得税，只需在合伙人层面一次纳税，环节少，税负较低，适合投资基金的特点。个人合伙人按照个体工商户的税率，需缴纳5%~35%（五级超额累进税率），法人则按企业所得税比例缴纳，这种征税制度相比原双重征税，负担大大降低，为基金投资人带来了实惠，符合私募基金投资者的利益。这一重要的税收优惠措施无疑为合伙这一基金组织模式增加了巨大的吸引力。

5. 税后利润分配更加自由，满足投资者需求

按照《公司法》的规定，公司分配税后利润时必须提留10%的法定公积

金，也就是说最大利润分配额度为税后利润的90%，而根据新《合伙企业法》第18条、33条和69条，合伙企业的利润分配、亏损分担，按照合伙协议的约定办理；合伙协议未约定或者约定不明确的，由合伙人协商决定；协商不成的，由合伙人按照实缴出资比例分配、分担；无法确定出资比例的，由合伙人平均分配、分担。在有限合伙中，利润分配也按照合伙协议的约定办理。

这样的规定使得合伙中，税后利润分配非常自由，可以由合伙人按照自身需求进行约定，利润分配额度无限制，一概由合伙协议约定，无须强制提留公积金、准备金。如果私募基金采用有限合伙形式，将可以实现税后利润百分之百的分配，更符合基金高回报、高分配的需要，同时由合伙人自行约定分配方式，充分满足投资者不同的投资需求。

6. 方便合伙份额转让，优化退伙模式

新《合伙企业法》明确了有限合伙人的合伙份额转让和退伙问题，使得投资者退出合伙更加方便。根据《公司法》的规定，有限责任公司的股东转让股权时，其他股东有优先购买权，这在一定程度上限制了股权转让的灵活度。而按照新《合伙企业法》第73条，有限合伙人向合伙人以外的人转让其在合伙企业中的财产份额时，其他合伙人没有优先购买权，只要提前30日通知其他合伙人即可，与公司制相比，这样的转让模式非常灵活，使得基金份额的转让非常自由，给予投资者很大的安全保障。

与此同时，新《合伙企业法》完善了合伙人的退出机制，第45条规定了合伙人可以在合伙协议中约定退伙情形，当发生约定的情形时可以退伙，相对于公司股东一般只能采取股权转让方式实现退出的模式，有限合伙中合伙人的退出模式更为多样化。有限合伙人可以在设立合伙型私募基金时，就于合伙协议中根据其投资计划约定相关退伙事宜，待退伙事宜发生，即可以全身而退。保证了交易的安全和正常运行。

7. 明确普通合伙人的义务，降低道德风险

新《合伙企业法》在规定了普通合伙人与有限合伙人的权利的同时，明确规定了普通合伙人的相关义务，尽可能地降低私募基金运营中的道德风险，给予私募投资者投资信心与安全保障。

现代企业中一个重要的问题即是代理的成本问题，企业投资者能否忠实勤勉地最大限度地谋求企业的利益成为投资者非常关心的一个问题。有限合伙通过让承担无限连带责任的普通合伙人进行经营管理在一定程度上解决了这一问题。新《合伙企业法》第96条、97条、99条规定了普通合伙人负有不得进行职务侵占、越权处理、从事竞争业务、违规交易等相关义务，普通合伙人若违反上述义务，则应该依法承担相应的法律责任。

在采取有限合伙模式的私募机构中，普通合伙人是企业的管理者，具有风险投资的专业知识和技能，一般负责实际运营，其投资经营决策和对合伙企业的管理在很大程度上决定了普通的私募投资者的投资回报程度，故而普通合伙人能否忠实勤勉地履行义务对于私募机构的运营和投资者能否获利就尤为重要。从一定程度上来说新《合伙企业法》中对于普通合伙人相关义务及责任的规定将督促"能人们"踏实运营，保障了"富人们"的利益。因此，新《合伙企业法》进一步规范了普通合伙人的行为，增强了投资者的信心和安全保障，促进了私募基金发展的合理化、合法化。

在普通合伙企业中，合伙人不得自营或者同他人合作经营与本合伙企业相竞争的业务，否则将承担相应的法律责任。该项竞业禁止的要求在有限合伙企业中得以放宽。新《合伙企业法》第70条、71条规定，有限合伙人可以同本有限合伙企业进行交易，可以自营或者同他人合作经营与本有限合伙企业相竞争的业务。

这一点是与有限合伙人的身份相匹配的，有限合伙人不参与企业的经营管理，没有事务执行权，对合伙企业更多的是监督权，较类似公司制中的股东。对私募基金来讲，投资者可以对多个私募基金进行投资，合理分配资金资源而不用担心竞业禁止条款的约束，既满足了投资者的实际需求，也围其成为合伙制私募基金中的有限合伙人提供了动力。

（四）有限责任公司

小企业的第三种形式是有限责任公司，股东以其出资额为限对公司承担责任，公司以其全部资产对公司的债务承担责任。一般的有限责任公司与股份有限公司有所不同，股份有限公司是这样一种公司形式，其全部资本分为等额股份，股东以其所持股份为限对公司承担责任，公司以其全部资产对公司的债务承担责任。

根据《中华人民共和国公司法》注册的企业是独立的法人，即公司是与股东、董事和管理人员相分离。股东责任限于已付或已认购待付的股本，公司有无限的生命。但是《中华人民共和国公司法》对这种企业形式有许多严格的要求与限制，比如公司必须保存有关账目，必须任命审计师，必须向工商管理部门备案公司年报，公司年报中应该包括财务报表、董事会组成、董事个人情况以及各种重大问题。

按照《中华人民共和国公司法》的规定，在中国境内设立有限责任公司，需要具备以下条件：

（1）股东符合法定人数。

（2）股东出资达到法定资本最低限额。

（3）股东共同制定公司章程。

（4）有公司名称，建立符合有限责任公司要求的组织机构。

（5）有固定的生产经营场所和必要的生产经营条件。

对其中的股东法定人数，第20条规定："有限责任公司由二个以上五十个以下股东共同出资设立。"第23条规定："有限责任公司的注册资本为在公司登记机关登记全体股东实缴的出资额。有限责任公司的注册资本不得少于下列最低限额：（一）以生产经营为主的公司人民币五十万元；（二）以商品批发为主的公司人民币五十万元；（三）以商业零售为主的公司人民币三十万元；（四）科技开发、咨询、服务性公司人民币十万元。特定行业的有限责任公司注册资本最低限额需高于前款所定限额的，由法律、行政法规另行规定。"

在人类的商业活动史上，有限责任公司这种企业形式是近代才产生的。但一产生之后，这种企业形式就得到了很快的普及，人们从这种企业形式中发现了更便利、更安全的特点。从这个角度看，有限责任公司的出现与兴起，并最终在企业界占据支配地位是与它的优点分不开的。有限责任公司的优势包括：

（1）公司成员（董事和股东）的财务责任仅限于所支付的股份资本。《中华人民共和国公司法》第三条规定："股东以其出资额为限对公司承担责任，公司以其全部资产对公司的债务承担责任。"这样，如果公司破产，股东和董事就无须以个人财产作为债权的补偿。

（2）有明确规定的管理结构和正规的管理制度，董事与经理的任命、解雇和退休均有章可循。公司的经营与管理活动要求按照《公司法》的有关规定来操作，这些规定包括：股东会的组成、职权与议事方式；董事会的产生、职权与议事方式；经理的职权与义务等。

（3）有限责任公司需要额外资本时，可以通过出售股份的方式筹资，这样就便于接纳更多的成员。所以，从这个角度看，与个人独资企业、合伙企业相比，有限责任公司具有更大的开放性。同样，有限责任公司的全部或部分资产要转让时，也比较容易。

（4）某个股东的去世、破产或抽走资本不会影响企业的经营，使企业经营具有稳定性和长远发展的可靠基础。

（5）信誉和地位都比个人独资企业、合伙制企业高。人们普遍认为，当你是与一个公司打交道，而不仅仅是与某个个人打交道时，往往就有更大的信心。

当然，任何一个硬币都有它的正反两面，有限责任公司也有一些缺点：

（1）需要较多的注册资本。比如，科技开发、咨询、服务性公司的注册资本要达到10万元；以商业零售为主的公司注册资本要达到30万元；商品批发公司注册资本要达到50万元；以生产为主的公司注册资本要达到50万元。有些创业者在创业初期未必有这样的资金规模。

（2）注册时要求比较详细的资料。要求有规定的公司章程，这些工作还需要专门的会计与法律方面专业人士的协助，这就使得组建费用可能会比较高。

（3）需要在政府的工商管理部门严格注册并备案年度报告和会计报表等资料，这些资料必须经过审计。公司的所有经营细节都必须对公众公开，企业实际上无秘密可言。如果公司违反公司法或会计法等相关法规的要求，则可能受到惩罚。

（4）在与金融机构合作的过程中，由于金融机构越来越倾向要求公司股东提供个人担保，公司的有限责任性质在不断地受到削弱。

讨论上述三种企业形式后，创业者就可以选择自己所需要的企业法律形式了。一位关于企业问题的咨询专家提出建议，在确定企业法律形式前，考虑以下几个方面将是有益的：

（1）采取该种法律形式注册手续的复杂程度及由此所需之费用如何？

（2）从法律角度看，企业形式对经营有何影响？企业的资产是谁所拥有的？在公司作为被告或者原告时，谁将承担诉讼的责任？

（3）企业的持久性如何？是否会和所有者共存亡？

（4）企业主是想建立一个永久性的事业呢，还是想一等到企业经营顺利就把它待价而沽呢？

（5）企业所有人想退出或购买企业的份额是不是会很容易？

（6）谁有权为企业做出决策，比如管理企业的日常运作，制订长期战略，决定重大投资项目以及企业卖给其他投资人，甚至关闭企业？

（7）谁对企业的债务负责？如果出现资不抵债时，所有者是否要用其在企业外的个人财产和其他收益来偿付债务？

（8）税负情况怎样？企业的利润要不要在分给股东前就得抽税？

一般来说，根据创业者的具体情况，再比较企业法律形式的利弊，就有助于找到适宜的企业形式。

二、企业登记注册

创业需要名正言顺。名不正则言不顺，言不顺则事不成。开店办厂办公司，都要具有合法的营业资格，办理相应的手续，这样才能获得国家给予的各项优惠政策。这些手续主要包括工商注册、税务登记、银行开户、各种行业相应的许可证等。

初次创业者，首先在主观上就会觉得办理各种手续比较繁杂。各种表格、各样批文、各项要求，往往会一时无从下手，不知如何处理。其实，办理手续的难度并不像有些人想象的那么大。仔细阅读有关要求，熟悉基本的办事程序，手续办理工作就会比较容易。在法律日益健全、政府职能不断转换的今天，各管理部门逐步改进工作作风，办理各种手续越来越规范，为创业者提供了许多方便。只要耐心细致，认真地按照程序去做，一般都会较为顺利的办完各种手续。

三、工商登记注册

工商登记注册，是创立个体工商户和开办企业的法定程序。依照程序进行工商登记注册，经营才是合法的，才能受到保护。随便开店办厂，属于非法经营，一旦被查处，要付出很大代价。

工商注册需要到国家工商行政管理机关办理。如创办个体工商户需要到营业场所所在地的区工商行政管理分局办理手续。创办企业需要到当地工商管理局注册分局办理手续。

办理工商注册登记，需要办的事很多，要有耐心，不能急躁。应当认真阅读工商行政管理机关的办事指南，按程序一步步去做。

（一）登记注册的步骤

个体工商户和私营企业的开业登记注册，一般要经过申请和受理、审查和核准以及发照和公告这三个步骤。

1. 申请和受理

申请，是创业者的主动行为。在正式申请前，可以到工商行政管理局向有关人员咨询，了解申请的程序，认真听取有关要求，对于不清楚的问题要及时询问。

（1）申请开业，需要填写开业申请登记表或开业登记注册书，还要填写有关人员履历表。申请开业时，要拟定经营实体名称（申办企业还要预先登记名称）；要在银行开设临时账号（注册资金达到一定规模的私营企业要取得会计师或审计师事务所的验资证明）；要取得有关行业管理部门的经营许可证（这个问题在第三节专门论述）等等。创业者按照要求提供材料的清单，精心准备齐全，到相应的工商管理部门正式提交申请。

（2）受理，是登记主管机关接受创业者的正式登记申请。需要申请者准备好各种文件、证件。受理登记需要申请者交纳费用。

对于证件、文件不全的申请，登记主管机关会确认为无效申请，不予受理。申请人可以说明自己的准备情况，请求帮助和理解。登记主管机关需要讲清申请材料的缺乏项目，以方便申请人补充。

2. 审查和核准

审查是注册审批工作的关键环节，主要由工商行政管理机关来完成。

注册分局或各区工商分局要审查申请者提交的申请书和各种文件，确定是否符合规定的程序，提交的批准文件或资格证明材料是否完备；审查核实申请登记的企业是否具备企业登记条件，企业登记主要事项是否属实，生产经营项目是否符合国家的有关规定等。

审查的另外一项内容是经营场地调查。个体工商户的场地调查由各工商所完成。申办企业的场地调查，由工商局注册分局企管科负责。

在审查过程中，工商机关可以提醒和帮助申请者补齐各种要求的文件。对于文件不具备的申请者，会说明理由，驳回申请。

经过审查，工商行政机关在规定的时间内做出核准登记或不予核准登记的决定。时间规定是：个体工商户7个工作日；内资企业15个工作日；外资企业22个工作日。

3. 发照和公告

在审查核准的基础上，工商行政管理机关填写《企业法人营业执照》或《营业执照》，颁发给符合条件的申请者。

创业者经过核准登记，领到营业执照，就标志企业已经取得了合法的经营地位，同时也取得了名称专用权和生产经营权，其正当经营、合法权益和资产受法律保护。

登记管理机关还要发布登记公告，将核准登记的企业，通过报刊电台等新闻媒体，向社会公开发布，使之被公众知晓，表示企业享有的权利，并接受社会监督。

开业登记公告的内容包括私营企业名称、住所、法定代表人、经济性质、企业类别、注册资金、经营方式、经营范围、注册号等。

（二）个体工商户登记注册内容

个体工商户的登记注册，由开业者向经营所在地的区工商行政管理分局个体科提交书面申请，填写《个体工商户申请开业登记表》，并准备有关材料。

1. 组织形式

个体工商户又称个体户，其生产资料归个人或家庭所有，以个人或家庭劳动为基础，劳动成果归个人或家庭占有和支配，在法律允许的范围内，经有关部门核准登记，从事工商业活动。

个体工商户可以个人经营，也可以家庭经营或合伙经营。个体经营的，以个人全部财产承担民事责任；家庭经营的，以家庭全部财产承担民事责任；合伙经营的责任，按照出资比例或者协议的约定，以各自的财产承担责任，并对合伙人的债务承担连带责任。

2. 经营行业

个体工商户从事经营的行业有工业、手工业；建筑业、交通运输业、商业、饮食业、服务业、修理业和国家允许的其他有关行业。

3. 字号名称

指个体户开办的小店、小厂、小服务部的名称。字号名称首先要考虑经营的宗旨与特点，与行业的关联要密切，使人看到或听到名称就能联想到经营项目。其次，字号名称所使用的字眼，要考虑百姓的语言习惯、民俗传统等等。所起名字应该简单明了，不宜过长，也不宜用字生僻或拗口，要让人一听就耳目一新，读起来朗朗上口，容易让人记住，能与其他店、厂名称区别开来。再者，名称要符合有关法律的规定。受法律保护的名称还可以转让或出卖。

4. 经营者姓名和住所

经营者姓名应该与户籍登记相一致。住所需要登记户籍所在地的详细地址。个体工商户申请人在申请登记注册时需提交本地户籍证明；下岗、失业人员提交下岗、失业证明；离休、退休人员提交离退休证明。

5. 经营场所

经营场所，是指生产经营场所的详细门牌地址。城市建设速度较快，工厂区、街道楼群的变化较大，登记经营地址时要采用最新的地址。应及时向有关方面咨询。如市、区国土局或各街道办事处等。生产经营场地一经核准登记后，就受法律保护，任何单位或个人不得随意侵占。

经营场所若属自有物业，在申请登记时须出具房产证明；若属租用，要出具租赁合同，并同时出具出租方的《房屋租赁许可证》（复印件）。

6. 从业人数

从业人员指参加经营活动的所有人员，包括经营者、参加经营的家庭成员、雇请的帮工学徒等。从业人员要有合法身份并符合计划生育管理的要求。

7. 资金数额。指申请开业的注册资金。对于个体工商户来讲，对于注册资金没有数额限制。

（三）私营企业登记注册内容

创业者要申领和填写《私营企业申请开业登记注册书》和《私营企业负责人履历》。

私营企业是指企业资产属于私人所有、雇工八人以上的营利性的经济组织。

私营企业登记注册的主要内容有企业名称、企业负责人姓名、经营地址、企业种类、注册资金数、经营范围、经营方式、从业人员和雇工人数等。

1. 企业名称

初步拟定自己创办企业的名称后，要在注册前，到当地的工商局注册分局进行电脑查询，确定自己拟定的名称是否与别人已注册的企业名称是否相重。这个程序称为"名称查重"。企业名称一般为"××市××公司"，去工商局注册分局查询，主要是查询企业名称中的"××"与同一行业是否重复。要取得企业名称不重复的证明，拟定企业名称时，最好拟有3到4个名称备用，去工商局查询是否重复时，就有备无患。

按照国家有关法律规定，企业名称具有专用性和排他性，一旦核准登记，在规定的范围内享有专用权，受法律保护，其他单位或者个人不得与之混用或假冒其名称。

2. 企业负责人姓名

在办理工商注册，填写企业负责人姓名时必须使用真名，不得使用别名或假名。按照规定，独资企业的负责人是指投资者本人；合伙企业的负责人是由全体合伙成员推举的负责人；有限责任公司负责人则指的是全体股东或股东代表大会选举产生的公司董事长或总经理。

还有公司股东资格问题。要注册登记的公司股东中必须有一人为本市常住户籍人口，并持有下岗、失业、辞职等证明。

3. 经营地址

这项内容的要求与个体户登记的要求相同。

4. 企业的种类

企业分独资企业、合伙企业或有限责任公司等三种类型。

（1）独资企业：是一人投资经营的企业，它对企业的债务负无限责任，即要承担债务的全部偿还责任。

（2）合伙企业：指二人以上按照协议投资，共同经营、共负盈亏的企业，合伙人对企业债务负连带无限责任。

（3）有限责任公司：是指投资者以其出资对公司负责，公司以其全部资产对公司债务承担责任的企业。

5. 注册资金

注册资金指私营企业自有的固定资金和流动资金的总额。它是企业财产的货币表现，同时反映了企业生产经营能力和企业规模。一般，固定资本的投资不得超过总投资的20%。

目前，有限公司最低注册资本：

（1）生产经营为主的公司：50万元。

（2）商业批发为主的公司：50万元。

（3）科技开发、咨询、服务性公司：10万元。

企业在注册之前，先要在银行开设临时账号，并由会计师事务所或审计师事务所出具验资报告。创业者应通过咨询，知晓自己意欲注册企业所要求的最低注册资金是多少，做到心中有数。然后寻找一家合法的会计师或审计师事务所来为自己验资，并出具验资报告。验资收费国家有统一的标准规定。

6. 经营范围

经营范围是企业生产经营的商品类别和服务项目。根据企业生产经营的商品类别和服务项目在企业中所占的比重大小，经营范围分为主营项目和兼营项目。经工商行政管理机关核准登记的经营范围是法定经营范围，企业不得擅自超越。如果在实际经济活动中，超越核准登记的经营范围，就属非法经营了。

7. 经营方式

经营方式主要包括自产自销、代购代销、来料加工、商品批发、商品零售、批零兼营、客货运输、储运、装卸、咨询服务等。

8. 从业人员和雇工人数

从业人员指企业中的全体生产经营人员。雇工人数，是指不包括企业投资者在内的企业生产经营人员。

私营企业工商登记注册需准备的材料为：①公司设立登记申请书；②公司章程（须经股东签名盖章）；③会计师事务所或审计师事务所出具的验资报告；④股东资格证明：自然人要出具居民身份证（备复印件）及失业、辞职等证明；⑤公司名称预先核准通知书；⑥公司住所使用权证明、租赁合同、房产证复印件（没有房产证的由产权单位出证明）；⑥规定需要报批的项目要提交有关部门的批准文件。

工商行政管理机关自收到申请人提交的符合有关规定的全部文件起受理，在受理之日起30日内做出审核决定。符合条件的，经核准登记后，发给《营业执照》或《企业法人营业执照》。企业营业执照签发日期，为企业成立日期。对不符合条件的，不予登记，并应当书面通知申请人。

（四）筹建许可证和营业执照的领取

筹建许可证和营业执照，是国家授权企业登记主管机关颁发的准许开业证明。

国家工商行政管理局，省、自治区、直辖市和市、县工商行政管理局给核准登记的工商企业颁发的合法凭证，具有法律效力，其他任何单位和个人不得颁发、复制和复印，更不得对工商企业的筹建许可证和营业执照进行扣留、毁坏或没收。

创业者如果需要进行基本建设，应当向工商行政管理局申请筹建登记并领取筹建许可证，该筹建许可证仅在企业筹建期内有效，企业筹建完毕即应缴销。创业者可于投产或者开业前30日内，重新申请开业登记并领取营业执照。

营业执照分为正本和副本两种。正本为悬挂式，用于企业亮证经营；副本为折叠式，用于携带外出进行经营活动，创业者可以根据需要，申请领取所需本数。

私营企业领取营业执照后，始得经营。凭营业执照刻制图章，设立银行账户，符合规定条件的可以申请贷款。

四、税务登记

创业者在进行注册登记，领取营业执照之后，应按照《税务征收管理法》进行税务登记。

首先创业者应明白自己属于何种纳税人。根据《税务征收管理法》的规定，税务登记分为开业税务登记、变更税务登记、注销税务登记和停业、复业登记。创业者创立企业，要进行开业税务登记。需要办理开业税务登记的纳税人主要分为两类：

第一类是领取营业执照从事生产经营活动的纳税人，包括企业，即从事生产经营的单位或组织，包括国有、集体、私营企业、中外合资合作企业、外商独资企业，以及各种联营、联合、股份制企业等；还包括企业在外地设立的分支机构和从事生产经营的场所以及个体工商户和从事生产经营的机关团体、部队、学校和其他事业单位。

第二类是指不从事生产经营活动，但依照法律法规的规定负有纳税义务的单位和个人。创业者应根据自己是个体工商户还是私营企业进行税务登记。另外，企业在外地设立的分支机构和从事生产经营的场所，其税务登记应由总机构统一办理，但创业者须注意该分支机构也应该办理注册税务登记。

（一）办税的步骤

办税，主要指的是办理税务登记、办理纳税申报、办理税款缴纳等手续。

1. 办理税务登记

税务登记，是税务机关对纳税人的开业、变动、歇业以及生产经营范围变化实行法定登记的一项管理制度。

从事生产、经营的纳税人自领取营业执照之日起30日内，持有关证件，向税务机关申报办理税务登记。

新办企业申办税务登记时，应先凭《营业执照》，前往市技术监督部门申领组织机构代码，这是办税的必备材料。

办理税务登记步骤如下：

（1）纳税人须在规定的时间内，持《营业执照》（正本）向地方税务局税务登记分局提出办理税务登记申请，领取《税务登记表》一式三份。

（2）纳税人按要求如实填写《税务登记表》，并标明本单位或个人所在地位置，加盖印章后连同有关证件、资料报送税务登记分局。

（3）税务登记分局对纳税人的税务登记表、工商营业执照和提供的有关证件、资料审核后，符合规定要求的，即可准予登记，并发给纳税人《税务登记证》或《注册税务登记证》。

个人所得税扣缴义务人，应按照规定期限，向所在地地方税务局办理代扣代缴手续，由主管征收分局发给扣缴义务人证书，不发税务登记证。

2. 办理纳税申报和纳税方式

纳税人应在领取《税务登记证》或《注册税务登记证》之日起15日内，不分经济性质和隶属关系，按照属地征收的原则，到主管征收分局办理纳税申报。

纳税人无论有无经营和收入所得、无论有无应纳税款发生，均应按经营范围和经营项目的实际收入，依适用的税种、税目和税率向主管征收分局（所）报送纳税申报表、财务会计报表和税务机关要求附送的其他证件、资料。

根据经营规模大小和经营方式的不同，税款征收的方式有自核自缴、自报自缴、查账征收、查验征收、代扣代缴、代收代缴、委托代征、代征、邮寄申报等多种方式。经营规模很小又无力建账的个体户，常常采用"双定户"的征税方式。

"双定户"中的"双定"是指定期、定额缴纳税款。经税务机关同意，可以不设置账簿，并按照税务机关规定税额和规定时间缴纳税额的纳税人，就是"双定户"。

"双定户"的核定程序为：新办税务登记的纳税人，需要按定期定额纳税的，应在办理税务登记后15日内，向主管征收分局提出申请，填报《定期定额纳税申报表》；主管征收分局调查核实纳税人申请表，然后参照分局统一测定的标准，考虑同行业、同地段、同规模的收入水平以及平时申报纳税情况，提出对纳税人定额核定意见；分局定期召开评税会议，对纳税人定额核定意见进行审核评议，确定纳税人月营业定额和应纳税额，经主管局长审批后，由征收分局向纳税人发送《核定纳税通知书》，通知纳税人有关纳税定额和纳税时间。

已按定期定额征收方式缴纳税款的双定户纳税人，应在定额期限届满前10日内向主管征收分局提出申请，并填报《定期定额缴纳税款申请表》。

对双定户定额核定与调整的期限一般为半年，最长不得超过一年。纳税人在"双定"期内，每月应如实申报应税营业额。其生产经营范围、经营方式、经营地点和从业人数未发生变化，每月申报应税营业额无论低于或高于核定的定额，仍按核定的定额征收。

3.办理税款缴纳

纳税人应该根据要求，在指定的若干家银行内，选择一家在市内实现本行电脑联网的银行，设立纳税账户，并与其签订委托银行划转税款协议书，将开户银行及账号报送主管征收分局征收科（所）。

每月办理纳税申报前，纳税账户至少存足当月应纳税款。

已在银行开设纳税账户的纳税人，只需在征收分局规定的期限内通过上门申报或邮寄、传真、电子等申报方式将纳税申报表及其他有关纳税资料报送征收分局后，由征收分局通知纳税人开设纳税账户的银行，将纳税人本期应缴税金划入国库，并将税票交纳税人。

临时建筑安装、运输、装卸及其他临时经营服务和个人房产税、车船使用税，个人申报的个人所得税等纳税人，应采用上门缴纳税款的方式，到临时经营所在地的征收分局办理缴纳税款手续。

个人所得税纳税人到居住所在地的征收分局办理缴税手续。

（二）办税的内容

1.个体工商户纳税主要种类

（1）营业税。商业、建筑业、加工业、服务业、娱乐业等取得的营业收入，均要交纳营业税。个体户营业税的纳税起点为，零售商业为月销售收入额200～400元；其他业为月营业收入额120～200元；临时经营的为每次（日）营业收入额15～30元。纳税人的营业收入额，凡达不到起征点的，免征营业税。营业收入额超过起征点的，按收入金额计算缴纳营业税。征收标准为3%、5%、10%、15%。

（2）产品税。从事工业品生产、农副产品采购的个体户，需要按照销售收入金额和产品数量，交纳产品税。征收采用比例税率，从3%～60%。

（3）增值税。生产西药、纺织品、农用机具和配件、轴承、机器等产品，要按照产品的增值额纳税。增值额是指生产过程中，新创造的那部分价值。如，某商户加工西装获得销售额10万元，其中消耗原料及其他辅料6万元,增值额为4万元,这一部分就要纳税。在实际征税活动中,对于从事商业经营的个体户,通常按照其销售额4%的征收率缴纳增值税;从事工业生产的,增值税征收率为6%。

增值税的纳税期限分别为1日、3日、5日、10日、15日、1个月。具体纳税期限,由主管税务机关根据纳税人应纳税款的大小分别核定;不能按照固定期纳税的,可以按次纳税。

(4)个体工商所得税。计算方法是,每一个纳税年的收入总额,减去成本、费用、工资、损失和国家允许的所得税前税金,即为全年所得额;将全年所得额乘上所得税率,再减去速算扣除额,就为应给税额。所得税率有一个"十级超额累进所得税税率表",其中有规定的速算扣除数。比如,全年所得额为3万元,乘上所得税率55%,再减去速算扣除数3880元,应交纳税金为12620元。

个体工商所得税,采取按年计算法,分月或分季度预缴,年终结算,多退少补的办法。

(5)城市维护建设税。以实际缴纳的产品税、营业税、增值税为基数,纳税人所在地为城区的,税率为7%;在县镇的,税率为5%。

上述各种税种,对于双定户来说,全部综合在一起缴纳。

2. 私营企业纳税主要税种。

(1)营业税。从事商业、服务业的私营企业都要缴纳营业税。营业税的特点是税源广泛,税负较轻,按行业、多环节征收。营业税企业经营的项目不同,划分11个税目。征收标准分四个,与个体工商户的相同。私营企业所从事行业的税率,一般为3%~5%。

营业税有起征点。按期纳税的为月营业额800元,按次纳税的每次(日)营业额50元。营业额若没有达到营业税起征点,免征营业税。

有些经营项目免征营业税,如托儿所、幼儿园等提供的育养服务,婚姻介绍、殡葬服务;残疾人员个人提供的劳务;学校和其他教育机构提供的教育劳务等免征营业税。

营业税的纳税期限,分别为5日、10日、15日或者1个月。纳税人的具体纳税期限，由主管税务机关根据纳税人应纳税额的大小分别核定，如果不能按照固定期限纳税，也可以按次纳税。

（2）产品税。从事工业品生产、农产品采购和进口产品的企业，要缴纳产品税。一般是以工业品的销售金额、农产品的采购金额、进口产品的支付金额为计税依据。最低为3%；最高为60%。

（3）增值税。增值税是以商品生产流通和劳务服务各个环节的增值额为征税对象的一种税。企业的产品销售额扣除该产品所耗费的原材料、燃料、动力、包装、加工以及其他费用后的余额，就是增值税纳税部分。一般纳税人的纳税额为17%；小规模纳税人的纳税额为6%；贸易型纳税额为4%。

（4）企业所得税。企业所得税是对私营企业生产经营所得征收的一种税。企业每一纳税年度的收入总额，减掉成本、费用、所得税前列支税金、营业外支出后的余额，为所得额；乘以一定的税率即为企业所得税。

企业所得税交纳期限按年计算，分月或分季预缴。月份或者季度终了后15日内预缴，年度终了4个月内汇算清缴，多退少补。纳税人应当在月份或者季度终了后15日内，向主管税务机关报送会计报表和预缴所得税申报表；年度终了后45日内，向主管税务机关报送会计决算报表和所得税申报表。

（5）印花税。在经济活动和经济交往中书立、领受凭证的企业，需要缴纳印花税。凡在我国境内书立、领受印花税条例列举凭证的单位和个人都是印花税的纳税人，包括立合同人、立账簿人、立据人和受领人。税率最高为千分之一，最低为万分之零点三，固定税额每件5元。

纳税人自行购买并粘贴印花税票。印花税采取"轻税重罚"的原则，虽然税很轻，但对于不纳税者要重罚。未贴或少贴的除勒令补贴印花税票外，可以处以应补印花税票金额3~5倍的罚款；已贴用的印花税票揭下重用的，可处以重用印花税票金额5倍或者2000元以上10000元以下的罚款。

私营企业需要缴纳的税种还有城市维护建设税、房产税、耕地占用税、能源交通基金等等。

3.税务登记内容

（1）企业名称、法定代表人或业主姓名及其居民身份证或者其他合法证件的号码。企业名称应填写企业全称。

（2）住所、经营地点。应按照企业详细地址填写。

（3）经济性质。应按自己企业所属性质填写，私营、个体经营等。

（4）企业形式、核算方式。核算方式有3种情况，即独立核算、联营、分支机构。

（5）生产经营范围、经营方式。经营范围应按照工商行政管理部门批准的自产自销、加工、修理、修配、委托收购、代销、批发、批零兼营、零售及服务项目等填写。

（6）注册资金、投资总额、开户银行及账号。

（7）生产经营期限、从业人数、营业执照号码。其中生产经营期限按主管部门批准的期限登记；从业人数按在册人数填写；营业执照号按工商机关核发的执照号填写，一般还要求填写发证日期。

（8）财务负责人、办税人员。应填写企业财务主要负责人姓名、职业；办税人员一栏应填写纳税人指定办税人员的姓名和职务。

（9）其他有关事项。

纳税人按要求如实填写《税务登记表》。

报送税务登记表申请办理税务登记时应根据不同情况携带证件资料，主要包括以下六项。

①营业执照（正本）原件、复印件。

②有关合同、章程、协议书复印件。

③银行基本存款账户开户卡复印件。

④法人代表或业主的居民身份证的原件、复印件。

⑤技术监督部门颁发的组织机构代码证书复印件。

⑥个体工商户、私营企业应提供自有房产证明或租赁房屋证明复印件。

如果在领取营业执照后超过30日才去办理税务登记，应提供由工商机关开出的"办理工商执照工本费收据"原件和复印件。

税务登记分局通过审核资料，对符合要求的，准予登记，并发给税务登记证件。税务登记证件分为两种：《税务登记证》及其副本；《注册税务登记证》及其副本。

税务登记证是纳税人履行的纳税义务的书面证明，只限于纳税人自己使用。纳税人凭税务登记证（副本）可申报办理减税、免税、退税；领购发票；申报办理外出经营税收管理证明及税务机关规定的其他有关税务事项等。

4. 纳税申报内容

纳税申报一般包括报送纳税申报表、企业财务会计报表和有关纳税资料。

应按照税法规定或税务机关核定的期限，填报纳税申报表或者代扣代缴、代收代缴税款报告表。其主要内容包括以下八项。

（1）税种、税目。

（2）应纳税项目或代扣代缴、代收代缴税款项目。

（3）适用税率或单位税额。

（4）计税依据。

（5）扣除项目及标准。

（6）应纳税额或应代扣、代缴税额。

（7）税款所属期限。

（8）其他事项。

纳税人在填写纳税申报表时，一定要如实填写，计算数据要准确，填写项目要完整，递交手续要完备，填写报送要按时。在具体填写之前，应认真阅读《申报表》上的填表须知。

纳税人办理纳税申报，在如实填写纳税申报表的同时，并要根据不同情况相应报送有关资料凭证。

（1）财务、会计报表及其说明材料（年度申报的要附送注册会计师查账报告）。

（2）与纳税有关的合同和协议书。

（3）外出经营活动税收管理证明。

（4）境外公证机构出具的有关证明文件。

（5）税务机关规定应报送的其他有关证件、资料。

扣缴义务人办理代扣代缴、代收代缴税款报告时，应当如实填写代扣代缴、代收代缴税款表，并报送代扣代缴、代收代缴税款的合法凭证以及税务机关规定的有关证件、材料。

根据税法规定，纳税申报实行全面纳税申报。即纳税人从办理税务登记起，不论有无经营收入，是否亏损，或者享受减免税，都应在规定的申报期限内办理纳税申报。

全面纳税申报内容包括正常申报、减免申报、零申报、定期定额申报、延期申报等。

五、银行开户

账户是用来连续、系统记录各个会计科目所反映的经济业务内容的工具。银行账户就是客户在银行开立的各种存款、贷款、结算等账户的总称，是办理信贷、结算、汇兑和现金收付业务的工具。

银行账户包括基本账户、一般账户、专用账户、临时账户等。

（一）基本账户

基本账户是私营企业办理日常转账结算和现金收付的账户。企业工资、奖金等现金的支票，只能通过基本账户办理。一个企业只能开设一个基本账户。

（1）开设基本账户的开户条件：申请开设基本账户的企业，必须是已经在工商行政管理机关注册登记，并已取得营业执照、实行独立经济核算的企业。

（2）开户程序：私营企业申请开立基本账户的要凭《营业执照》、机构代码、法人身份证到中国人民银行当地分行领取开户许可证；向银行提交开户申请书，在申请书上应写明企业全称、地址、企业性质、经营业务范围和申请开立账户的种类，同时提交开户规定的证件；提交印鉴卡片。银行同意企业的开户申请后，企业要填写"印鉴卡"。申请企业要详细填写企业全称、开立账户、企业地址，企业负责人和财会人员名称，同时印鉴卡片上必须盖预留银行印章，包括单位财务公章、专用章、财务负责人及经办人印章，并在印鉴卡的背面加盖单位公章，同时注明盖几枚章方为有效。账户启用日期等项目在单位送交印鉴时由银行填写，并告诉企业财务经办人员。各企业开户后要存入一定数量的存款，并陆续办理结算、汇兑、取款等业务，为此应向银行领取或购买各种空白业务凭证。

（二）一般账户

一般账户是指存款人在账户以外的银行借款、转存、与基本账户的存款人不在同一地点的附属非独立核算单位开立的账户。存款人可以通过本账户办理转账结算和现金缴存，但不能办理现金支取。

企业申请开立一般存款账户时，应填制开户申请书，提供相应的证明文件，递交盖有存款人印鉴的印鉴卡片，经银行审核同意后即可开立账户。

（三）专用账户

专用账户是企业因特定用途需要开立的账户。根据需求，企业一般应开设纳税专用账户。开立纳税专用账户，应填写开户申请书，提供《税务登记证》及相关证件，递交盖有存款人印鉴的印鉴卡片，经银行同意后开立纳税专户。

个体工商户的开立账户。凡经工商行政管理机关批准，领有营业执照、拥有经营场地的个体工商户，都可以向银行申请开立账户。

（1）向银行提交开户申请书，同时提交营业执照、个体工商协会出具的证明以及本人身份证等。

（2）银行接受申请后进行调查、了解、审批同意。

（3）个体户向银行提交"印鉴卡"，并加盖今后签发支票凭证时使用的印章。

（4）银行发给办理存、取款项的结算凭证，凭此办理存取款。

创业者在银行开户后，在使用账户前，应注意先了解一下必须遵守的事项：

（1）银行账户只供本企业使用，不得出租、出借或转让给其他单位或个人使用。

（2）保证账户内有足够的资金用来支付，不得签发空头支票。

（3）保证多种收支凭证真实可靠，如实填明款项来源和用途，不得利用账户搞非法活动。

（4）要及时记账、定期与银行核对账单，处理不符或错误账单。

六、其他相关手续

创业者创办企业，除了需要办理以上手续外，主要需要办理的手续还有用工手续、供水申请以及用电申请等。

（一）用工手续

大部分的创业者在事业发展中都要雇用人手。雇人用人应该规范，应办理相应的劳动用工手续。

办理招用劳务工的手续，应注意以下几点：

（1）向劳动部门出示营业执照正本或副本并附复印件，申请《劳务工指标登记本》并在指标有效期内招用劳务工。

（2）填写《劳务工就业证》，贴相片，单位盖章。

（3）填写《暂住人口登记表》（一式三份）。

（4）填写《办理劳务工手续统计表》。

（5）缴纳暂住人口管理费，凭《劳务工指标登记本》开具缴费通知书，到财政、银行设点处缴费。收费标准，按劳务工人数和上岗时间计算，如深圳特区目前每人每年300元，审核盖章，审核盖章时需备如下资料：《深圳特区劳务工指标登记本》；缴纳暂住人员管理费凭证；《劳务工就业证》（每人一本）；《暂住人员登记表》（一式三份）；《办理劳务手续统计表》；其他规定查验证件（计算生育责任书等）。

（6）招用劳务工时注意所招劳务工应具备以下条件：年满16周岁，身体健康，具有初中文化程度，现实表现好。

（二）供水申请

供水要向当地自来水公司填写用水申请表，用水申请表的主要内容包括：用户名称、营业执照号码、用水地址、表后给水设计单位、表后给水安装单位、工程性质（新扩装、迁移、临时）、用水性质（商业、工厂、住宅、办公、其他）、建筑层数、建筑总面积及户数、用水量等。一般供水管所及的地区，用水申请都可得到批复。表前给水管必须由当地供水公司专业队伍负责设计、报建、施工，表后水管工程须经供水部门审批后，方能委托其他有给水施工资质的单位施工。

（三）用电申请

用电要去当地电力工业局填写用电申请书。用电申请书填写内容包括：申请户名、用电地址、行业、申请属性（新装、增容等）、经营性质（合资、个体、独资等）、用电性质（商业、工业、住宅等）、申报用电设备清单、用电说明等事项。申请时，要带申请人居民身份证。

用电批复后，用户要缴纳全部增容费用。室外线路由电力部门统一安装施工并结算费用，室内线路由用户自找持有省级电力设施安装许可证（如《广东省承装（修）电力设施许可证》）的单位安装施工并结算费用。室内线路工程的设计资料送审，开工登记，申请验收及竣工报装均由承装单位统一办理。室外线路完工，室内线路完工并被验收后，电力部门合闸送电。

第六章 起步阶段如何经营

对于处于起步阶段的中小企业来说，创业者应该顺应时代发展的潮流，树立新型的经营理念，运用科学的管理手段，才能使自己的企业由小变大、由弱变强。

一、建立完善的管理制度

中小企业始创阶段的特点是经营者决策迅速及时，但是随意性和主观性也是其常犯的毛病。因此，作为一个头脑清醒的创业者，应该建立了一套完善的管理制度和一个有效的管理组织，避免决策上的失误，改变管理上的无序现象。

（一）选择组织形式

企业都是以盈利为目标的经济组织，为企业的成功而承担必要工作的人员必须用一定的形式组织起来。所谓内部组织机构是一个表明这些人怎样一起工作的组织形式。

一个中小企业，内部组织机构是很简单的，但这并不是说不重要，每个员工应该知道下面几点：

（1）每个员工应该只有一个顶头上司。

（2）每个员工应该知道这个顶点上司是谁。

（3）每个员工应该知道自己的责任是什么。

（4）每个员工应该知道自己有多大的权利。

缺乏清楚的内部组织机构会导致指挥系统的混乱和士气低落。适当的组织机构能减少这样的损失，消除不必要的功能和摩擦。中小企业无力承受低效运转的损失，良好的组织机构能让每个员工都明确他的权利与责任，使企业经营合理化，并保持高效率的工作。

常见的中小企业有三种不同的内部组织机构：直线型、职能型和直线参谋型。每种类型都有其优缺点。

1. 直线型

直线组织是内部组织机构中最简单的形式，在这种组织形式中，上下级之间有一条直接权力线，每个员工只有一个直接上司，如图6-1所示。

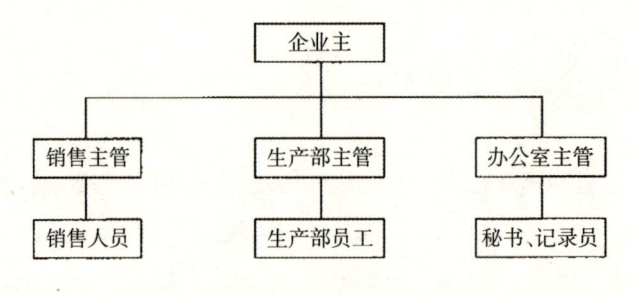

图6-1　　直线型

其优点是：

（1）易于理解和使用。这是一种最容易理解和掌握的组织机构形式。一个不是组织专家的企业主能成功地按这种形式组织企业，员工们也容易理解这种组织形式。

（2）经营费用少。这种组织机构形式不需要聘请专家。

（3）直接管理。在企业主和员工之间形成一种直接和紧密的工作关系，它能形成较好的联系，并能迅速决策。

其缺点是：

（1）责任方面每个主管所负的责任很多。生产部主管人员不但要雇佣、训练和管理其员工，而且还要了解生产进度、设备维修、生产过程和专业部经营的各种细节。当企业不断扩大时,这些责任对一个人来说可能太多了一点。

(2)缺乏专业化。由于主管负担的责任太多,但他又不可能在每个方面都特别精通,这种缺乏专业化的管理在企业扩大或变得复杂时就可能成为一种障碍。

2. 职能型

企业原有的组织,多按工作类别,划分为若干平行的部门,学者称之为职能组织,比如将全部销售工作统由一个高层主管指挥,将所有生产工作置于一个部门之下。在小规模企业中,因所设的部门为数不多,故工作联系较为方便,能争取时效,可以享受到小规模经营时职能组织的好处,其组织结构如图6-2所示。

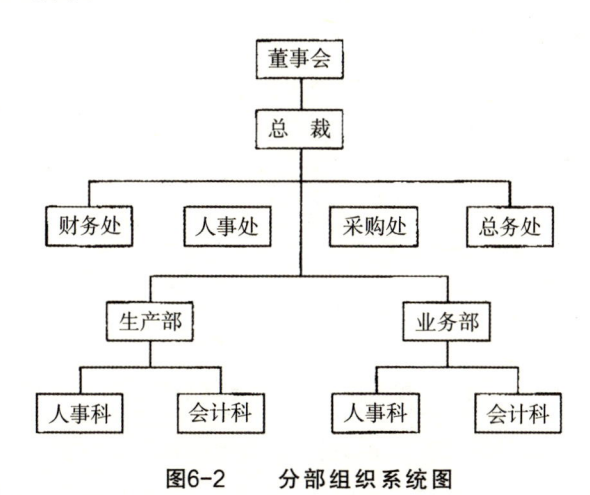

图6-2　分部组织系统图

分部组织的方式不一,最普遍的有三种:

(1)将主要直线部门改为分部组织;

(2)按产品类别划分为若干分部;

(3)按地区不同划分为若干分部,使每一分部能在整个企业组织内构成小型事业部,在总裁充分授权的原则下,独立处理其工作,充分发挥小规模组织的优点。

其优点是:

职能型组织机构的主要优点是它为专业化管理提供了条件,经营的各个方面按其主要的职能分组,在每个部门中由专家负责。

其缺点是:

由于采用职能型组织机构广一些员工可能有一个以上的管理者,这可能在组织内部导致混乱。职能型组织机构要求每个部门都聘请专家,对于中小企业经营来说,费用相对较高。职能型组织机构克服了直线型组织机构内不能进行专业化管理的缺陷。直线型组织机构对于中小企业来说还是合适的。然而由于这两种组织机构都存在较难克服的问题,所以不适宜大企业。

3. 直线参谋型

直线参谋型组织机构通过增加专家,帮助直线主管人解决问题,它集中了直线型和职能组织机构的优点,其结构图如图6-3所示。

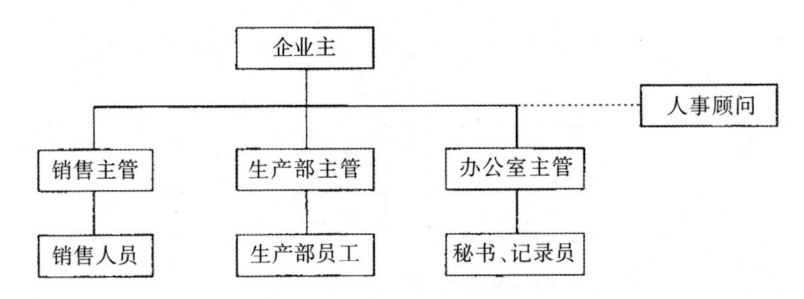

图6-3　直线参谋型图

例如一个制造商想扩大企业并决定雇用和训练更多的员工,但由于主管人员太忙以致没有精力挑选和训练好的员工,同时他还有很多要解决的其他人事问题。一个办法是聘请一位专家在人事上帮助所有者和主管人。图6-3中虚线所指不是一个主管人,而是一个解决人事问题的顾问。

其优点是:

直线参谋型组织机构允许一名人事顾问帮助直线主管人,人事顾问不雇佣任何人,而是提供一些职业申请者,最后的决定由主管人做出。这样,直接主管人既获得了专业服务,又节省了费用。

其缺点是：

聘请专家必须付出费用，而临时聘用的专家不一定能了解企业的需要。企业必须大到足以负担支付各种专家的费用才使用这种组织形式，较小的企业通常不能采用这种形式。

（二）建立管理团队

建立企业的管理团队是保证企业创业成功的重要环节，是创业管理的重要内容之一。

1. 建立最高管理团队的理由

尽管新创企业成功地建立了正确的市场，并找到它所需要的财务结构及财务制度，但企业仍无法继续正常成长。

出现上述情况的原因大都是缺乏最高管理阶层。如果企业的一两位创业者深信，他们必须包办所有业务，那么几个月或几年后，企业必定会产生管理危机。事业成长过于快速，一两个人已无法应付这种局面，那时，企业需要的是一个最高管理团队。

如果企业此时还未组成一个最高管理团队，企业就无药可救了。解决这种危机的办法其实很简单，在真正需要之前，就建立一个最高管理团队。这个团队是建立在相互信任及相互了解的基础上，因此需要很长的一段时间，三年是最起码的期限。

但是，小规模的成长性企业无法负担一个最高管理团队。事实上，许多小规模的成长性公司都是由少数几个人包办所有的业务。其实，解决这个问题的办法也很简单。这就要看创始人是否愿意建立一个团队来取代以前一手包办所有业务的管理方式。如果创业者预计新企业会在三五年内成长一倍，那么他就应把建立管理团队当作一个必要的任务，因为在不久的将来，它一定会需要它。

2. 建立企业最高管理团队的措施

（1）创业者应与企业其他重要人士共同讨论确定企业的主要活动，即哪些特定领域将影响新企业的生存与成功。

（2）包括创业者在内的所有管理人员都确定自己所最擅长的业务。

（3）将企业的主要活动分配给所有的管理人员。在此阶段，创业者应训练自己不再干涉不增长的业务。

（4）为每一项主要活动设定范围并为负责人设定目标。

在此还要特别指出两点，一是企业在创业初期可以以一种非正式方式来建立最高管理团队，因为较高的弹性可以适应企业后期发展的不确定性；二是新创企业应尽快建立最高管理团队，因为当企业发展到一定规模创业者意识到企业需要管理团队之时，恰恰慢企业的发展遇到困难之时，此时再着手建立最高管理团队已经错过了机会。

二、人才是企业的第一资本

在资本的转换与增值过程中，人的作用始终是第一位的。人是联系有形资本与无形资本的纽带，是工业资本、金融资本与商业资本相互转化的动力。

在现代化大工业生产的条件下，企业通常是作为金融资本过渡到商业资本这一中间环节发挥它的作用。就任何一个工业项目而言，从市场调研、立项到资金筹措，再到产品生产和销售的全过程，人的作用都是决定性的。不论是其中的哪一个环节出现人的"质量"事故，企业发展都如同一条断裂了的链条难以为继。所以，对企业而言，资金（属于资本范畴）往往不是主要矛盾，因为即使有了资金，没有高素质的人，资金也不能增值，甚至还会毁人、害人。相反，有了高素质的人，即使资金暂时紧张，也终究会找到解决问题的办法，用较少的资金赢得较高的效益——资金利税率。正是从这个意义上讲，人才是企业的第一资本。

（一）一般员工的招聘

为了获取优秀的员工和人才，不少大企业已经有专职的招聘人员，负责公司的常年招聘。作为初创的中小企业，当然没有条件仿效其他大企业，但只要在招聘过程中，能注意以下几个问题，其招聘工作往往会取得事半功倍的效果。

1. 简历并不能代表水平

简历的精美程度与应聘者个人能力并不成正比。招聘专员可以通过简历大致地了解应聘者的情况，初步判断出是否需要安排面试。招聘专员应该尽量避免通过简历对应聘者做深入地评价，也不应该因为简历对面试产生影响。虽然我们不能说应聘者的简历一定有虚假的成份，但每个人都有装扮自己的愿望，谁都希望将自己的全部优点（甚至夸大）写到简历中，同时将自己的缺点有意或无意地隐藏。

2. 经验比学历重要

对于有工作经验的人而言，工作经历远远比他的学历重要。他以前所处的工作环境和他以前所从事的工作最能反映他的需求特征和能力特征。特别是一些从事高新技术的研发人员，如果在两三年里没有在这个领域做过工作，很难说他能掌握这方面的先进技术。另外，从应聘者的工作经历还可以反映出他的价值观和价值取向，这些东西远远比他的学历所显示的信息更加重要。

3. 重视求职者的个性特征

对岗位技能合格的应聘者，我们要注意考查他的个性特征。首先要考查他的性格特征在这个岗位上是否有发展潜力。有些应聘者可能在知识层面上适合该岗位的要求，但个性特征却会限制他在该岗位上的发展。比如一个应聘技术攻关的应聘者，他可能掌握了相关的知识，但缺乏自学能力，并且没有钻研精神，显然他不适合这个岗位。

另外，由于许多工作并非一个人能够完成，需要团队合作，所以，团队合作精神已经越来越为公司所看重。如果应聘者是一个非常固执或者偏激的人，在招聘时应该慎重。

4. 让应聘者更多地了解企业

招聘和求职是双向选择，招聘专员除了要更多地了解应聘者的情况外，还要让应聘者能够更充分地对公司进行了解。应注意的是，当应聘者与企业进行初步接触时，因为企业的大量宣传，应聘者一般都会对企业有过高的估计，这种估计会形成一个应聘者与企业的"精神契约"。招聘专员让应聘者更多地了解企业的目的之一就是打破这种"精神契约"，而不是加强。

应聘者对企业不切实际的期望越高，在他进入企业后，他的失望也就会越大。这种状况可能会导致员工对企业的不满，甚至离职。所以，让应聘者在应聘时更多地了解企业是非常重要的。

5. 给应聘者更多的表现机会

招聘人员不能仅根据面试中标准的问答来确定对应聘者的认识。招聘人员应该尽可能为应聘者提供更多的表现机会。比如，在应聘者递交应聘材料时，可让应聘者提供更详尽的能证明自己工作能力的材料。另外，在面试时，招聘人员可以提一些能够让应聘者充分发挥自己才能的问题。比如"如果让你做这件事，你将怎么办"，"在以前工作中，你最满意的是哪一项工作"等等。

6. 面试安排要周到

为了保证面试工作的顺利进行，面试安排非常重要。首先是时间安排，面试时间既要保证应聘者有时间前来，也要保证企业相关领导能够到场；其次是面试内容的设计，比如面试时需要提哪些问题，需要考察应聘者哪些方面的素质等等，都需要提前做好准备；最后是要做好接待工作，要有应聘者等待面试的场所，最好备一些企业的宣传资料，以备应聘者等待时翻阅。面试的过程是一个双向交流的过程，面试安排是否周到体现一个企业的管理素质和企业形象。

7. 招聘者要注意自身的形象

关于应聘者在面试时应该如何注意自己的形象这个话题，在各种书籍上已经谈了很多。值得一提的是，面试时招聘人员也应该注意自身的形象。前面已经讲过，面试的过程是一个双向交流的过程，它不仅是企业在选择应聘者，也是应聘者在选择企业。特别是那些高级人才更是如此。

招聘人员首先应注意的是自己的仪表和举止，另外要注意自己的谈吐。在向应聘者提问时，应该显示出自己的能力和素养。因为招聘人员代表着企业的形象，所以面试不应该过于随便，更不能谈论一些有损企业形象的内容。

（二）优秀人才的选聘

优秀的人才能为企业创造极大的价值。而对于刚创办组建的中小企业来说，这一点显得尤为重要，它关乎企业的成败。因此，人才的选聘一定要把握这样几个原则：一是德才兼备的原则；二是能级原则，即正确地评价人才并为之选择适当岗位的原则；三是不拘一格的原则；四是要明确选人的标准；五是不要追求完人；六是要在实践中不断识别人才；七是内部优先的原则。

1. 人才的种类

要选聘人才，首先要弄清什么是人才。自己的企业到底需要哪类人才。以下按性格特征对人才进行分类：

（1）通灵型人才。这类人才一般知识广博，基础深厚，有很强的综合、创新能力，能够在全局的高度上集思广益，上下协调，善于应付多层次多角度的问题。这类人才不可多得，一般适于担当常务管理工作或在枢纽部门任职，如总调度员或办公室主任等职位。

（2）创新型人才。这种人才有能力，善应变，敢拼搏，行动富于风险性，思路新颖，赶超之心强。任用这类人员时，一定要委以独立重任，并极端注重工作方法。这类人员是开拓局面、打开通路所必需的，较适合新产品开发部门或营销部门的工作。

（3）实干型人才。实干型人才是任何组织都应必备的人才。这类人才埋头实干，有吃苦精神，注重工作效率和质量，企业应对这类人才适当加以保证和关爱。其最适合的工作无疑是公司最主要的业务部门或主要产品的产销部门。

（4）缜密型人才。缜密型人才的一大特点就是忠于职守，这是任何时代、任何老板都欢迎的人才。这种人才不贪功取巧，踏实认真，归属感强，无疑是财务部门、审计部门的最佳人才。

2. 招聘人才的途径

中小企业经营者不要"守株待兔"，等候优秀人才前来应征，应该利用各种方式主动地去寻找，可以通知熟人推荐，劳务市场洽谈，登报纸广告或到大专院校去招聘等。聘用优秀人才需要做很多工作，也要有许多信息来源和高度的灵活性，这需要仔细地规划，决不可以仅凭运气和灵感。

下面简要介绍几种常用的人才聘途径

（1）熟人引荐。这个"熟人"从企业来说，主要是来自公司的职工，也可能是关系单位的主管，例如企业的上级主管机关的工作人员或股东，尤其是大股东；从应聘者来说，引荐者通常是亲友师长。

这一渠道的优点是：

①应聘者已从熟人那里对企业有所了解，既然愿意应聘，说明企业对他有吸引力；另一方面，企业也可从熟人那里了解有关应聘者的许多情况，从而节省了部分招聘程序和费用。

②某些较难找的专业技术人员，如焊工、铆工、电气技师等，通过别的渠道收获常常不大，通过熟人介绍反倒是常用方法。

③熟人介绍的应聘者一旦被录用，碍于熟人面子，一般不敢表现太差。

这一渠道的缺点是：

①造成各方心理压力，引荐者怕丢面子，应聘者也怕丢面子，企业经营者怕影响关系，因而对公平挑选有影响。

②引荐录用的人多了，容易形成"帮派"小团体或裙带关系网，造成管理上的困难，"牵一发而动全身"。

（2）通过"专门机构"推荐。我国各地也遍布人才交流中心、职业介绍所等，它们都可以为企业提供备选人员。

这一渠道的优点是：

①无私人纠葛，可公事公办，依标准招聘。

②从这些机构可直接获取应聘人员的有关资料，如学历、经历、意愿等，可节省招聘时间。

其缺点是：

①根据美国的经验，寻求职业介绍所帮助的求职者主要是熟练和非熟练工人或一般办事员，专业技术人员不易从这里找到。从我国人才交流中心

发挥的作用看，招聘的成功率也不高。

②要支付给这些机构一定费用。

（3）通过广告招聘。这是各国招聘常用的方法。招聘广告可以刊登在报纸、专业杂志上或公开张贴。招聘广告通常包括四项：即招聘职位、招聘条件、招聘方式及有关说明。

通过广告招聘的优点是：

①信息面扩大，可吸引较多的求职者，备选比率大。

②可使应聘者事先对本企业情况有所了解，减少盲目应聘。

这一渠道的缺点是：

①有吸引力的职位可能有很多应聘者，从而使接待、选拔工作量及费用增加，落选者有可能做出对公司毁誉的举动（如反宣传）。

②广告费较高，因而小企业有时恐难负担。

（4）同业推荐。同行业公司可建立人事部门联谊及合作组织，互相推荐适用人才。

这样做的优点是：

①同行公司推荐的人员一般对其基本情况有所了解，素质很差的一般不会被推荐，从而减少了初选工作量。

②同业内相互推荐适用人才，可使企业赢得富有人情味的美誉，而且可以促进企业间的合作。

但问题在于被推荐的人才一般不会是一流的，因为最好的人才可能已被同业选用了。

3. 人才考查的程序

找到自己认为合适的人才以后，一般要进行考察，可以参考以下程度来考查准备聘用的人员。

（1）口头考查。口头考查也就是面谈，在面谈之前，要对应聘人员有所了解，然后在舒适的环境和精力集中的情况下进行，不要使申请者感到紧张，并鼓励他大胆评价自己，以了解应聘人员有什么经验、特殊技能、志向和魄力，有哪些兴趣、爱好，来这里工作的动机是什么等，从而判断他的潜力，是否有发展前途等。面试是招聘考查的最重要步骤，一项调查表明，美国有90%的公司倾向于用面试法收集求职者的信息，因此面试中也有许多的技巧。下面我们简单列出了一些常用的面试提问问题，供大家参考：

- 你带简历了吗？
- 你希望的薪水是多少？
- 你上一年工作的薪水是多少？
- 你为什么要换工作？
- 你认为你上一个工作的主要工作成绩是什么？
- 你一周通常工作多少个小时？
- 你对上一个工作满意的地方在哪里，还有哪些不满？
- 你与你的上、下级及同事关系怎样？
- 你的下属对你苛求吗？
- 你怎样评价你的上一个单位？
- 它的竞争优势和劣势是什么？
- 你认为你有哪些最有利的条件来胜任将来的职位？
- 你将用多长时间来展示你对公司的重要贡献？
- 你对我们公司的感觉怎样？包括规模、特点及竞争地位等。
- 你对申请职位的最大兴趣是什么？
- 你将怎样对你的工作或部门进行组织和安排？
- 你需要哪些权力或财务资料？为什么？
- 你将怎样建立你与组织内、外部的沟通网？
- 你喜欢告诉我有关你自身的哪些方面的情况？
- 你是个好学生吗？
- 你一直在继续你的专业领域的学习吗？为什么？
- 你业余时间都做些什么？
- 今后五年内你的发展目标是什么？
- 你最大的优点和缺点是什么？
- 你的工作潜力是什么？

- 为了实现你的目标,你将采取哪些行动?
- 你想拥有你自己的业务吗?
- 如果你被录用的话,你准备在我们公司做多久?
- 你父母是做什么工作的?
- 你兄弟姐妹是做什么工作的?
- 你参加过特殊的工作小组吗?如果是,你在里面的角色是什么?
- 你关心时事吗?
- 你属于哪些专业团体?
- 你的座右铭是什么?
- 你个人的好恶是什么?
- 你一般怎样度过你的一天?
- 你的家庭是一个很和睦的家庭吗?
- 你的进取精神怎样?
- 对你的工作有激励作用的因素有哪些?
- 金钱对你有很强的刺激性吗?
- 你喜欢一线工作还是参谋工作?
- 你更喜欢独自工作还是协作工作?
- 当你雇用员工时,你期待着什么?
- 你曾经解雇过员工吗?
- 你能与工会成员和他们的领导友好相处吗?
- 你对当前的经济和政治形势怎么看?
- 国家的方针政策将怎样影响我们的行业和你的工作?
- 你会与公司(酒店)签订一份雇用合同吗?
- 你觉得我们为什么要雇用你?
- 你想获得这份工作的理由是什么?

(2)能力考查。通过知识、技能及心理学方面的测验,评估求职者适应工作的能力,包括文化、业务知识考试,操作测验,专门心理测验等。即使已选中某人,也不能马上肯定他能胜任工作,最好让他工作一段时间,从中利用各种方式来考查他的能力、态度、技能和对工作的适应性。

（3）品行证明。在决定聘用一个人之前，也应该尽量了解其品行。如果聘用人员不当，就会出现生产不利、职工流动率高、原料浪费、士气低落等现象，这对企业经营者是相当不利的。在人工成本逐渐升高的今天，严格地挑选职工，可节省许多成本。

现在的企业面对的是更加复杂多变的国内、国际环境：企业面向竞争更加激烈的国际市场，跨越国界的区域性经济合作，增加了企业经营的多角化，对于中小企业来说还面对着大企业间的越来越大的联合舰队式的合并浪潮。能否获得企业所需的优秀人才越来越成为企业成败的关键，因而人才的选聘也出现了一些新的趋势：

（1）人才选聘的范围扩大了。优秀的管理人才或杰出技术专家的聘用超出了家族、地区甚至国界。

（2）人才选聘的方法科学化。传统的人才选聘主要是凭经验和拍脑袋决策，现在越来越多的心理测验、多种预测模型、计算机辅助决策等现代科学方法广泛应用。

（3）人才选聘由事后统计变为事前预测。随着现代预测学的发展，许多预测模型应用到了人事管理中，企业人事部门根据企业政策、经营战略、近期各类人员的流失状况等因素，确定在未来某段时间里可能出现的职位空缺，适时进行人才的选聘及业务培训。

（4）人才的需求层次化导致人才选聘工作的复杂化。

（5）对新募人员的素质要求越来越高。

（三）优秀人才的使用

人才使用的主要任务是将员工安排到合适的岗位上，使其能最大限度地为实现组织目标发挥作用；并根据企业经营需要及人员本身情况，调节任用数量、调整人员结构及岗位配置以提高劳动生产率。人才使用的职能包括：新员工的安置；干部选择、任用；职务升降；人员使用中的调配；劳动组合；员工的退休、辞退管理等。

1. 人才使用的方式

（1）指派、委任的方式。就是由主管人员直接指定员工的岗位，对于干部往往称为委任。其优点是任用程序简单，有利于形成统一的指挥体系和政策的连贯性。其前提是主管人员必须对指派、委任者的素质及其担任的职务有透彻的了解，并能出于事业心决定如何任用，否则容易形成任人唯亲及人身依附。

（2）合同聘任的方式。就是本着用人单位及员工双方自愿的原则，通过合同这种契约形式，由用人单位根据工作需要聘任员工担任某一职务。在目前我国企业中，工人仅需与企业签订劳动合同，管理人员及专业技术人员还常由用人单位颁发聘书。合同聘任的优点是十分明显的：第一，用人单位及员工平等自愿。第二，用人单位及员工双方义务、责任、权利明确，可以督促企业合理用人、督促员工尽职尽责。第三，机动灵活，劳动合同及聘任期可长可短，使企业有了根据经营管理需要调节人力配置的余地。

（3）考试录用方式。就是通过公开考试，并以考试成绩为主要依据录用各种人员，在企业中通常只在层次较高的职务，如管理人员、专业技术人员及工人技师等中采用。这种方式的优点是标准统一，有利于公平竞争，抵制任用中徇私情的现象。困难在于考试对于认识人才是否可靠，考试成绩是否与人们的实际能力相符。

（4）选举方式。就是由一定机构的全体人员或其代表通过选举担任某个领导职务。选举制度的优点是可以增强职工的参与意识、监督意识及被选任者对职工群众的责任感，但选举制也有一定局限性，首先，任用范围只能局限在原有组织内，因为选举人对组织以外的人员没有发言权。其次，企业越大，选举人对被选举人的了解越少，但中小企业却可以考虑采用这种方式来确定企业的高层管理人员。

2. 人才使用的原则

（1）因事择人，量才录用原则。所谓因事择人，就是应以职位的空缺和实际工作的需要为出发点，以职务对人员的要求为标准，选拔任用各类人员；所谓量才录用，就是根据人员的能力、特长以及爱好兴趣，将其安排到适应的工作岗位上。它可以保证机构精简、高效，个人才能得到充分发挥。

（2）德才兼备，任人唯贤原则。德才兼备是强调作用标准要全面，既重视其知识能力，又要重视其思想品德；任人唯贤是强调用人要出于"公心"，以事业为重，做大贤大用，小贤小用，不贤不用。坚持德才兼备、任人唯贤原则，才能不断提高职工队伍素质，不断增强企业凝聚力和竞争力。

（3）知人善任，用人所长原则。知人善任，讲的是对下属要了如指掌，及时发现人才，使用要恰到好处，使每个人都能充分施展才能；用人所长讲的是对人不要求全责备，管理者应把注意力放在充分发挥人的长处方面，组织中的任务是多种多样的，需要的知识、技能也不一样，而人们的知识、能力、个性发展又是不平衡的，世上不存在样样都行的"全才"，但是只要知人善任，用人所长，就可以全面完成组织的各项任务。

（4）相对稳定，时间考验原则。任用要有相对稳定性，通过实践一段时间考验其正确性，必要时应当在适当时间果断地予以调整；任用要有相对稳定性，不能因为一时一事而频繁调动，因为在一个新的岗位上，人们需要熟悉环境、需要积累经验、需要让其他人接受他。

（5）宽严相济，指导帮助原则。对任用人员既要严格要求，又要关心爱护，从工作上给予指导帮助，从生活上给予关怀温暖；严格要求，就是强调法治和纪律，要求下级坚决执行命令，遵守法纪，完成工作计划，改进工作作风，对于违纪违法者，玩忽职守者，不管平时关系如何，过去功绩如何，轻则要批评，重则要处分。

只有这样，才能调动人才的积极性，发挥人才的专长，使组织有战斗力、有生产力、有竞争力，使企业能够健康地成长和发展。

三、遭遇创业危机怎么办

天下有非常之福，也有非常之祸，创业也有成功与失败。期望创业一帆风顺几乎是不可能的，创业成功与失败的关键，是创业者面对创业危机的态度与所采取的措施。

（一）创业危机出现的原因

1. 创业者本身能力的不足

（1）创业所需的人、才、物、精力、时间等准备不足；创业者的性格、知识面、专业知识等不适宜。

（2）缺乏管理经验，在创业前几乎没有任何管理或学过管理企业或员工的经验。

2. 没有核心的产品、服务和营销战略

不清楚产品或服务的顾客群和目标市场在哪里以及购买动机是什么，没有一个针对市场的总体规划和方向，没有在短的时间内形成自己的拳头产品，无法树立企业形象，建立企业经营基础。

3. 对市场判断过于乐观

没有对市场进行充分调查了解，形成对市场容量、竞争态势的错误判断，盲目乐观。

4. 入市时机错误，低估创业期所需时间

对形成能抵御市场风险和激烈竞争的规模生产所需的时间估计不足，以及对巨大市场到来的预测出现偏差，致使企业在巨大的市场形成之前不得不关门。

5. 缺乏流动资金

由于资金准备不足，融资渠道不畅，企业流动资金短缺，迫使企业业务萎缩直至关门。

6. 创业经营成本过高

融资利息或成本过高，设备设施提前采购，办公室装修华丽，人工薪金过高等。

7. 创业者收入与利润的概念模糊

创业者把销售收入当成了利润，对企业的经营决策产生了误导，出现盲目乐观，致使费用支出过大，流动资金迅速减少。

8. 创业环境选择错误

在农贸市场搞高新技术产品销售，在繁华路段搞高新产品开发，在没有门牌号的小胡同里设公司等。

9. 任用管理人员失误

创业者缺乏对管理者的日常监督，创业者过早享受"老板"的休闲。

10. 财务管理混乱

财务管理与生产和销售管理并列为经营的三大职能，而中小企业大都资本少，人员少，创业者既是经营者又是所有者，往往不重视制订利润计划、资金运用计划，不重视会计资料的汇集和分析等。

（二）创业危机的克服

当企业维持不了常规经营的时候，创业者会面临企业的发展、财务、组织、权利的委让等一系列问题及创业者自身的何去何从，是停止原有创业重新开创一项新事业呢，还是到其他企业当职员。这些问题对创业者一身影响重大，应如何解决，应遵循以下办法：

1. 面对创业危机要保持冷静

一旦面临创业危机、遭受失败，无论影响有多么严重，都要正视现实。应该说，危机与失败对人的心理冲击往往是很强烈的。商家面对危机与失败的第一个考验就是对心理冲击的承受力的考验。据心理学家分析，人在遭受挫折打击的时候，常见的心理表现有：震惊、恐惧、愤怒、羞耻、绝望等。这些都是极为不利的心理因素，如果陷于心理挫伤的泥坑里面而不能自拔，那就会在失败中越陷越深，以致走向毁灭。所以，要警惕这些失败心理的影响。面对危机与失败，要有正确的认识和健康的心态。

面对创业危机最重要的是要保持沉着冷静，处变不惊。古人说"安静则治，暴疾则乱"。如果心里先慌了，那么行动必然要乱。冷静沉着，才有可能化险为夷，转危为安。人在危急时容易恐惧、紧张、行为失措。而一旦冷静下来，你的智慧就会"活转"过来，帮你寻找到摆脱危机的办法。

要做到沉着冷静，就要摆脱和消除面对创业危机而产生的急躁不安、焦虑、紧张的情绪。混乱和捉摸不定以及缺乏驾驭局面的自信心，是引发焦躁的原因。所以，要摆脱焦躁的方法就是认清危机情势，找到解决办法，强化心理素质。

2. 对创业危机要有正确认识

对于创业危机与失败的关系，创业者要有正确的认识，危机不等于失败。不能因为出现危机便惊慌失措，产生失败情绪。因为危机发生后，只要商家能果敢应对，采取及时有力的措施控制局势的发展，那么危局就可以挽救，甚至危机还可转化为机遇。有人称，危机是危险之中的机会。危机是不可怕的，可怕的是我们没有面对危机的勇气。危机的挑战将会带来进步，带来突破。

辩证地认识挫折和失败是创业者应有的态度。挫折和失败是相对于预期的目标而言的，衡量成功与失败的标准就是目标。达到目标，谓之成功，没达到目标，就是失败。没有目标比照，也就无所谓失败。失败是一种相对的概念。失败按目标范围可以为战斗性失败、战役性失败和战略性失败。还可以按影响分为能够挽救的失败和无法挽救的失败。许多失败都是能够挽救的失败，也就是说可以通过努力转败为胜。也有毁灭性的失败，那是一种无法挽回和永劫不复的失败。对于那些可以挽救的失败，只要不自认失败、不甘心于失败，通过努力是可以扭转局面的。失败首先产生于心中。

即使有些失败是不可挽救的，给人带来很大的损失和痛苦，但它也可以使人从中吸取经验教训，磨炼自己的意志。要能从消极中看到它的积极的一面，为我所用。美国发明家爱迪生研制蓄电池，一直失败，直到第25000次时才获得成功。他却自负地说："不，我没有失败，我发现了蓄电池不能工作的24999种原因。"这个事例可以使我们懂得，善于窥见隐藏于失败中的成功因素，才有希望反败为胜。

面对危机与失败，要激励自己有所作为，不能被动地消极地去应付。要认识到危机与失败的出现常常是不可避免的，所以要有平常的心情来面对失败，不必惊慌失措。

面对失败，创业者还要注意不能怨天尤人，要不仅从客观上找原因，更要重视从主观上找原因，以利于今后不要再因主观失误而陷于败局。找到导致失败的各种主客观原因，在原因上下功夫，从某种意义上说，解决了失败的原因，也就解决了失败的后果。

四、经营策划决定企业存亡

由于中小企业创建时期承受风险的能力较低，经营策划的正确与否，对中小企业的生死存亡更具决定意义。策划制作得当，中小企业可脱颖而出，迅速崛起；反之，可能一蹶不振，全局溃败。

（一）经营策划的基本特征

所谓经营策划，是企业为适应外部环境的变化，为使企业长期、稳定发展，实现既定经营目标，而展开的一系列事关全局的策划与活动。

1. 全局性

经营策划必须以企业全局为对象，根据企业总体发展的需要而规定企业的总体行动，从全局出发去实现对局部的指导，使局部得到最优的结果，保证全局目标的实现。

形象地说，企业的经营策划就是企业发展的蓝图。作为指导全局的总方针，企业经营策划是协调企业内部各职能部门之间以及各管理层次之间关系的依据，是促进企业各方面均衡发展的保证。在日常的经营管理工作中，企业的每一具体计划、每一具体经营业务、每一具体行动措施，都要围绕企业发展目标并服从战略目标的要求。为了实现企业发展目标所体现的全局利益，职能部门或基层经营单位有时不得不放弃本身面临的机会和潜力，甚至做出牺牲。

缺乏全局性的策划统筹，任何处于始创阶段的企业的成功发展都是不可想象的。

2. 长远性

经营策划是着眼于未来，对创建时期内企业如何生存和发展进行通盘策划，以实现其较快发展和较大成长。面对激烈复杂的市场竞争环境，任何组织如果没有超前的策划方案，那么，其生存和发展就要受到影响。

经营策划的全局性特征在时间概念上的表现就是长远性，它直接关系到中小企业的未来和发展。对未来的设想，特别重要的不是回答未来怎样，而是通过预测未来的变化趋向来制定企业现在的策略和措施。

因此，没有着眼未来的企业经营策划作指导，日常的经营管理就会失去目标和方向。真正具有长远目光的创业者，绝不会片面追求急功近利，更不会纠缠于企业的短期行为，而是致力于实现企业的长期战略目标。

3. 关键性

关键性又称重点针对性，是指那些对企业总体目标的实现起决定性作用的因素和环节。经营策划讲究的是环境的机会和威胁、自身的优势和劣势。要找寻敌弱我强的地方下手，或是在敌强我弱的地方防范。实施经营策划，就是要抓住机会，创造相对优势，增强企业的竞争实力。

日本著名策划大师大前研一说："成功的最有效的捷径看来是较早地把主要资源集中到一个具有重大影响的功能中，迅速跃入第一流的企业，这是真正切实可行的、有竞争力的。然后，利用这种较早的第一流的地位所产生的利润加强其他功能，使它们也领先于别的企业。当今所有产业部门的主导企业，毫无例外，都是从果断地应用以成功的关键因素为基础的策划开始的。"

4. 权变性

即指善于随机应变而不为成见所约束的适时调整、灵活机动的能力。任何企业在其成长过程中，必须要受到诸多方面因素的影响，并随内外部环境的变化而变化。这就要求企业经营者根据实际情况的变化，变换经营策划、调整和修正策划方案，把经营策划贯彻于现实行动之中，以不断适应未来的多变性。

权变性的客观基础包括两个方面：一方面是由于企业经营者深化了对企业发展规律的认识；另一方面则是由于企业内外竞争环境发生了变化，出现了新情况，因此，需要重新检验已确定的经营方针和经营措施的正确性并加以必要的修正。

另外，经营策划本身就是一个动态过程。由于企业发展具有长远性，必须经过一定时期的努力，才能最终实现企业的发展目标，不可能毕其功于一役。同时，经营策划又可分为策划制定、策划实施、策划控制等不同阶段，其中每一阶段又包含若干步骤。因此，经营策划过程的各个阶段和步骤是不断循环和持续的，是一个连续不断的分析、规划与行动的过程。这就对经营管理者提出了更高的要求，特别是面临新的变幻莫测的国际经济竞争，开拓进取，求变创新，制订和实施适应性应变策略，这已成为现代管理者的当务之急。

（二）经营策划的四大要素

经营策划的重点是着眼于企业未来的生存和发展，谋求长远的经济效益和系统的最优化，使企业的生产、技术、营销以及一切经营活动与发展变化的外部环境相适应。

企业的经营策划对企业的兴衰成败关系极大。可以这样说，策划的成功是企业最大的成功，而策划的失误也是企业最大的失误。所以，经营者应当把主要精力集中于企业经营策划的研究、制订和实施上。

经营策划是一个包括经营规划的制订、实施执行和策划控制、策划修订与转移的完整过程。一般来说，策划是由策划指导思想、策划目标、策划重点、策划措施等要素构成的。

1. 策划指导思想

策划指导思想是指导策划方案的制订和实施的基本思路与观念，是整个经营策划的灵魂。它包括策划理论、策划分析、策划判断、策划推理，直至形成策划思想、策划方针，是贯穿策划管理始终的策划思维过程，对确定发展目标、寻找策划重点和采取策划措施具有十分重要的意义。

（1）满足市场需求的思想。市场需求是企业存在和发展的前提条件，是企业的生命所在。企业必须以满足顾客需要和为顾客提供最大利益服务为宗旨，求得自身的发展。特别是随着跨国公司的崛起和各国对外直接投资的增加，世界经济越来越相互渗透、相互依存，呈现出全球市场一体化的趋势。中小企业必须在更大的市场广度上来考虑顾客的需要。

（2）系统化思想。这是由企业经营策划的全局性特征决定的，用系统论的观点来确定企业，就要着眼于全局性的发展规律和方向，树立整体观点、动态平衡观点和协调观点，把企业的各个方面有机地联系起来。

（3）未来思想。企业发展必须着眼于未来，这也是由策划的长远性特征决定的。策划为企业的未来发展指明方向。因而，企业采取任何可能行动，都要考虑对长期发展是否有利，不能只看到眼前蝇头小利，而导致短命。

（4）竞争对抗思想。在激烈竞争的市场经济中优胜劣汰。企业要想立于不败之地，就要不断寻求解决事关企业存亡和长远发展的关键性问题的办法，创造出超于竞争对手的相对优势。

（5）全员思想。策划就是明确有关企业发展的总目标，确定行动的总方针，必须调动自上而下的所有人力、物力、财力，才能保证策划方案的贯彻和策划行动的落实。

需要指出的是，在策划指导思想当中，企业管理人员的高瞻远瞩、创新求实、灵活应变的策划头脑尤为重要。

2. 策划目标

策划指导思想形成以后就要确定策划目标。

策划目标是企业在对策划内外部环境进行充分认识的基础上，根据企业实际情况提出的在一定时间内所预期获得的成果或所追求的期望值。

策划目标是战略谋划构成的核心内容，为企业指明了未来成长和发展方向。只有明确策划目标，企业家才能根据实际目标的需要，合理地配置企业拥有的各种资源，正确安排企业经营活动的优先顺序和时间表，恰当地指派任务和责任。不确定企业的目标，企业就会迷失方向。

受经济环境、产业分布、企业规模和发展阶段等各方面因素制约，企业发展　目标千差万别，不尽相同，既有经济指标，又有社会责任；既有长期目标，又有短期目标；既有总体性目标，又有功能性目标。一般来说，策划目标可分成定性和定量两大类。定性目标如维持稳定，获得发展，树立良好的社会形象，把本企业办成本行业、本地区最具吸引力的优秀企业等。定量目标如利润总额及增长率、市场占有率、资金收益率、销售总额及增长率、股票价格及股息红利率、新产品开发数等。

在确定策划目标时，要注意从实际出发，使策划目标明确、具体、先进、可行，定性目标与定量目标相结合，长期目标与短期目标相衔接。

3. 策划重点

策划重点，就是指那些对于实现策划目标既有关键作用又有发展优势，或自身发展薄弱需要着重加强的项目和部门。这就要求我们在策划实施过程中，集中力量解决关键性问题。

策划方案不可能面面俱到，没有重点。没有策划重点，策划目标的实现就要大打折扣。

策划重点在战术上则表现为集中优势兵力打歼灭战，即采取重点针对性措施，实行资源重点配置、组织重点保证、行动重点推进，以实现企业的突破性发展。

随着策划行动的逐步推进，策划重点呈现阶段性特征，必须注意及时调整。

抓住策划重点，可以促进企业长期稳定发展。享有"美国荣耀"之称的美国摩托罗拉公司是世界无线通信巨人。多年来，该公司始终重视市场占有率，把提高市场占有率作为企业的战略重点摩托罗拉公司为了保证战略重点，在竞争激烈的高科技电子产业中出类拔萃，获得胜利，采取了下列三点至关重要的创新措施：

（1）不断推出让顾客惊讶的新产品。为此，企业在科研方面进行持续性投资，以不断研究开发最新产品。

（2）新产品的开发必须注意到速度与时效问题，即技术性商品的生命周期较短，因此在开发速度上不能落后。

（3）以顾客为导向，在质量管理上务求完美，将顾客的不满减少到零为止。

4. 策划方案

策划方案是保证策划指导思想贯彻、策划目标的实现而采取的一系列重要措施、手段和技巧。根据策划环境的不同情况，采取新颖独特、别具一格和卓有成效的策划方案，对策划目标的达成和策划行动的推进具有重要作用。

策划方案的运用应遵循以下原则：

（1）目的性原则。策划方案是为实现策划目标服务的，它具有十分明确的目的性。

（2）灵活性原则。企业经营管理面对的是发展迅速、变化多端的外部经济环境，因而，策划实施的时机把握十分重要。策划方案的应用也要讲究灵活熟练，要因时因事因地随机应变。

（3）创新性原则。策划方案要面对新情况，采取新措施，取得新突破。力求在竞争者意想不到的时间、意想不到的地点，以意想不到的方式，满足消费者的市场需求，给竞争者以压倒的攻势和猛烈的打击。

（4）可行性原则。策划方案的运用必须是国家的政策法规允许的，并遵循社会道德规范的要求。同时，中小企业在应用条件上也是可行的。

（5）适当性原则。策划方案的运用要恰到好处，不能因过分追求新奇、过分夸张而徒有其名。要讲求实效，不过分追求形式。

（6）配套性原则。策划方案不能单打一，参差不齐，必须集中力量，集中控制，使各种方案相互配套，有机结合，以谋求最大效果。

另外，策划方案作为保证策划目标实现的手段和技巧，需要很好策划。策划作为一种高智力活动已开始引起越来越多的重视。将企业策划应用在经营管理中，往往也能起到很好的作用。

从上述经营策划的四个构成要素中我们可以看到，这四个要素不是孤立存在，互不相干，而是相互联系、相互作用、有机结合的。策划指导思想是企业生存和发展的指导思想，是整个经营策略的灵魂；策划目标则是企业发展指导思想的具体反映，是策划方案的核心；策划重点是企业经营活动的重点，是推进策划实施的关键；而策划方案则是经营策划的重要保证措施，制约着策划目标的贯彻实施程度如何。

（三）科学进行经营策划是企业稳健发展的保证

经营策划不仅对企业涉及全局的重大问题具有决定性意义，而且对企业的局部问题和日常性管理工作具有牵动、指导和规范的作用。经营策划的广泛作用对现代企业家有着强烈的吸引力。具体可以归纳为以下几个方面：

1. 使企业顺利、快速成长

通过制订经营策划可以使企业经营者对企业当前和长远发展的经营环境、经营方向和经营能力，有一个全面正确的认识，全面了解企业自身的优势和劣势、机会和威胁，做到知己知彼，采取相应办法，从而把握机会，利用机会，扬长避短，求得生存和发展。

2. 提高生产经营的目的性

管理学中有一个公式：工作成绩=目标×效率。西方学者认为"做对的事情"要比"把事情做对"重要。因为"把事情做对"是个效率问题，而从一开始就应设立正确目标。"做对的事情"，才是真正的关键。经营策划就像战争中的战略部署，还在开战之前，就基本决定了成败。因而中国古代兵书有"运筹帷幄，决胜千里"之说。制订经营策划，就使企业有了发展的总纲，有了奋斗的目标，就可以进行人力、物力、财力以及信息和文化资源的优化配置，创造相对优势，解决关键问题，以保证生产经营目标的实现。

3. 增强管理活力，降低经营风险

实行经营策划，就可以围绕企业经营目标进行组织等方面的相应调整，理顺内部的各种关系；还可以顺应外部的环境变化，随时审时度势，正确处理企业目标与国家政策、产品方向与市场需求、生产与销售、竞争与联合等一系列关系。

4. 提高创业者素质

实施经营策划，使经营者能够集中精力于企业环境分析，思考和确定企业经营发展目标、发展思想、发展方针、发展措施等带有全局性的问题，造就一大批企业家和经营人才。

(四)经营策划的特点

中小企业经营策划的特点是由中小企业自身的特点所决定的。但是每一个具体的企业又各自具有自己不同的特点。因此,中小企业需要根据企业的具体特点来正确地选择企业经营策划,才能在复杂的市场竞争中站稳脚跟,实现企业的生存与发展。特别是由于刚起步的企业承受风险的能力较低,经营策划的正确与否对刚起步的企业生死存亡的决定意义更为重要。在刚起步的企业的经营策划制订与选择中,需要注意以下特点:

(1)中小企业在经营策划中必须注重规模意识。中小企业虽然具有一系列的特点,但其固有的缺点多半是由于企业的规模太小造成的。从本质上来讲,任何一个企业都具有发展规模的内在冲动。中小企业唯有发展规模,才能克服自身固有的缺点。在激烈的市场竞争中,得过且过、不求进取是站不住脚的。在现代市场经济条件下,企业随时需要准备应付新的挑战与变化。一个不思进取、不求发展的中小企业是不可能获得成功的。

(2)当中小企业的进取心较强时,在经营上容易犯好大喜功、急于求成的冒进错误。正是由于企业的规模较小,中小企业通常都急切地盼望进入大型企业的行列。过于雄心勃勃的发展计划往往使中小企业在财务上陷入困难的境地。这是中小企业破产的最常见的原因之一。因此,中小企业的经营策划更需要从实际出发,对企业的内部和外部条件进行实事求是的分析,对市场的发展趋势做出科学、客观的预测和判断。

(3)中小企业的经营策划通常不宜于采取与大型企业对着干的办法。由于中小企业的规模小、实力不足,特别需要从自己的实际情况出发,避开市场上大型企业的竞争锋芒,争取在大型企业竞争的缝隙中求生存、求发展。在一般情况下,中小企业与其和大型企业在市场上针锋相对,不如与相关的大企业携手并进,甘当大型企业的配角,在相互协作中寻求发挥自身优势的机会。

(4)中小企业的经营策划需要较强的适应性或弹性,以发挥中小企业经营灵活、转产方便的优势。虽然中小企业的经营策划同样是为解决长期发展问题而提出来的，但是由于客观上中小企业的经营策划受到各种约束因素的制约较多，中小企业的经营策划特别强调能够适应客观条件的变化，具有一定的弹性或灵活性。

（5）中小企业的经营策划更需要全体员工的认同和参与。中小企业的约束机制不同于大型企业的约束机制。在中小企业中，人与人之间的直接沟通较多，个人因素的作用要远远强于大型企业。因此，中小企业经营策划目标的实现在更大的程度上依赖于全体员工的认同与参与。

（五）经营策划实施的原则

策划是"为创造有利条件实行全盘性行动的计划和策略"，以长期、综合性观点来看，即是"创造制胜条件"。这种实现策划的全盘性行动，即所谓策划实施。

不同的企业，对策划实施的把握程度也不尽相同，有的能较好地掌握，有的则不能，所以策划实施得好，必须遵循以下五个原则。

1. 状况判断

策划的基础是状况判断，必须依状况来决定采取哪种行动。以围棋或象棋为例，掌握全盘大局是非常重要的。无论下哪颗棋子，如果不能顾全全盘局势，是无法克敌制胜的，这每一颗棋子即是获胜的手段。

正确的决心是从正确的判断而来，正确的判断是从周密的观察而来。实事求是的态度，正是战略行动的出发点。

2. 整体性

在实施策划方案时，应经常有大局观念，熟悉影响大局的重要因素、重要关系是重要的。在情势日益复杂的今天，个体与整体的关键及整体性观念，可说是策划行动的根本。

3. 重点集中

以实事求是的态度细观全局，在最重要的点上集中力量。正如下围棋或象棋的时候，一定只能动用关键性的一子。经营的时候也一样，如果三心二意，则凡事不成。

经营所面临的问题常常是多而复杂、纠缠不清的，同时可利用的资源和时间有限。如果试图草率解决全部问题，往往会造成力量分散，结果一事无成。

针对重点解决问题，使整个局势豁然开朗。此重点导向，正是战略的决策。

4. 长期导向

在改革经营的结构与体制时，长期努力不懈是必要的。无论在什么行业中，目前占压倒性优势的优良企业，其持有的共同特点是较其他企业先行使用出奇制胜的手法，并积极努力从事各种改革。

当今时代瞬息万变，以一年时间所做的改革，必然会被其他企业很快追上，且被超越。因为真正认真进行结构性改革，在获得成果前，至少需花费2~4年时间。

换言之，以先见之明判断状况变化，针对重点，耐心而踏实地做长期的推进是重要的。

5. 即时处理

状况随时在变化，如能洞察变化、掌握时机，即能克敌制胜。无论多么优秀的人，一旦错失良机，即会遭到致命的失败。状况发生变化，应变对策也随之改变，制订的计划如不能顺势调整，则不是策划思想。

经营就是求生存。在求生存的世界中，蕴藏着矛盾与冲突。凡事不能单纯地划分为黑白两面，在某些机会中获成功的人，一旦状况变化，亦可能遭受失败的命运。

因时、因地做出有弹性的应变，是策划行动的第五原则。

（六）经营策划的前提

产品要成为商品，必须要通过交换到达消费者手中，也就是说产品要变成货币，才能成为商品，那么如何才能使产品适应市场需要呢？这就要借助于情报来沟通买者与卖者。情报离不开市场，开拓市场、占领市场、搞好市场行销也离不情报，情报与市场息息相关，相辅相成。

1. 情报是市场竞争的主要手段

情报是市场竞争的主要手段，是振兴企业经济的摇钱树。日本不少企业不惜花费巨资和大量人力，通过各种渠道，用各种手段搜集情报，他们的情报网络遍及全球。日本政府扶助中小企业，其最重要的一个方面就是向中小企业提供情报。其他西方国家（如瑞典）有专门为中小企业服务的政府情报机构。日本有句名言："人是设备，信息（情报）是金钱。"在发达国家里，普遍流行着这样一种观点：控制信息就是控制企业的命运，失去信息就是失去主动权。过去，用物质或金钱的拥有量来衡量一个企业的富有，如今是用信息的拥有量、速度和准确性来衡量。目前国外普遍流传着这么一种说法："没有物质，世界就是空虚的、虚无的；没有能源（量），世界的物质都成了一个惰体；没有情报，世界的物质和能源都是杂乱无章的，毫无用处的。"不少企业家、实业家、专家、学者认为，当今世界没有资金、厂房、设备，但只要有情报就可以办企业，而且可以使企业振兴发达。相反，缺乏情报，即使有了资金、厂房、物质和能源，办企业也十分困难，而且所办的企业、开发的产品没有竞争能力，也没有生命力，企业也就不可能振兴发达。

企业有五项至关生存与发展的资源：资金、原料、机器、人力及情报。情报资源利用不充分，最终反映在影响其竞争能力上。大部分创业者被其客观条件所限导致情报资源开发不足，从而使其市场应变能力差，竞争能力比不上大企业，以至于许多中小企业在惨淡经营中破产。只有少数创业者透彻情报之奥妙，捕捉真实有用的情报，及时采取对策，择机图谋发展，最终成为大老板。

2. 市场行销情报是中小企业制订行销策划的依据

作为微观生产经营系统，企业至少需要市场行销、科技、经营和管理情报。市场行销情报，它帮助了解产品的市场需求、行情和内外贸的关系，可提供产品更新换代的规律。科技情况，它掌握国内外科技状况和发展趋势，为企业的技术进步指明方向，为技术改造和技术攻关提供技术和知识。经济情报，它反映企业生产的现状和经营方式，提供企业发展生产的依据。管理情报，它可提供企业开展研制、生产活动和提高企业经营效益的手段，展示出企业的发展远景。

这些情报为企业所必需，尤其是市场行销情报，它直接沟通企业与市场之间的关系，对企业进行行销决策具有决定性的作用。很多人已认识到离开市场行销情报，就难以预测某一产品的销售和盈利情况。不过，市场行销情报还有几层更为深刻的意义，它是行销决策的先决条件。

（1）市场细分上的意义。对中小企业来说，市场行销情报的重要价值在于使企业更好地了解市场结构。为了成功，中小企业需要选择和集中力量于某一特定市场或细分市场，而不能试图满足整个市场的种种需要。这一市场细分的过程和集中兵力的原则，是中小企业市场行销策划的核心。市场行销情报是市场细分的先决条件。为了卓有成效地销售产品，必须通过精确的市场细分来确定目标市场。只有选准目标市场，特定的市场行销谋略才能发挥作用。而只有依据广泛的市场情报，中小企业才能做到：首先明确有哪些细分市场，然后全面而准确地掌握各细分市场的特殊需求。这些情报还能用来估计细分市场的容量以及每一细分市场中竞争对手的动向。

（2）产品策略上的意义。市场经营观念要求高度重视顾客在市场上的所有方面的要求和偏好，产品设计尤其要重视这一点。产品具有吸引顾客的性能和特色，才会受到欢迎。例如，顾客在购买花瓶时，感兴趣的是它的形状、外观，而不是它的结实程度。如果制造商过多地考虑花瓶的牢度，这就会增加生产成本，产品还不一定卖得出去。大多数产品的设计就是在质量和价格、性能和式样、形状和特色、可靠性和成本之间进行权衡和比较，即功能成本分析。设计产品时要依据产品服务对象的要求进行选择，而不能根据企业或设计者的偏见。只有研究和掌握顾客的要求，中小企业才能确定自己的产品能否吸引顾客并找到买主。

（3）定价策略上的意义。每一个中小企业都懂得，由于定价时需要参照竞争对手的价格并考虑到各自不同的产品质量和其他因素，所以掌握竞争对手的价格情报是十分重要的。很遗憾，这类可靠情报最难获得。一般来说，不难知道市场零售价，但很难搞到竞争对手为批发商和零售商定的批发价。在工业品市场，竞争尤为突出。有些中小企业往往在困难面前打退堂鼓，不再设法去收集竞争对手的最新价格情报。获得竞争对手的可靠价格情报是市场价格竞争中的基础。如果忽视这一基础，只依赖陈旧方法定价，就不能获得最大的利润。

（4）销售策略上的意义。了解市场行销情报对建立有效的分销渠道也是很有价值的。显然，掌握了竞争对手的零售商或批发商的情况，就能了解某一产品的传统分销渠道以及零售商和批发商的要求。不仅如此，还能从中得知尚未开发的分销渠道，从而获得竞争优势。

（七）形式多样的经营策划

由于中小企业的规模较小这一特点，所以中小企业的经营策划有别于大企业的经营策划。中小企业在选择自己的经营策划时，必须从企业内部和外部环境的具体条件出发，采用能够发挥优势、避免弱点的战略，以求得生存与发展。

条条大路通罗马，中小企业的经营策划也是多种多样的。

1. 独立经营策划

独立经营策划是指企业在生产经营与发展中，不依附于其他企业，不受其他企业经营活动的制约，主要是从企业自身条件出发，独立自主地选择产品、服务项目和目标市场，以满足市场的需要。采用独立经营策划的特点是强调自主经营，有利于发挥企业内部员工的创造性和主动性，充分利用企业的内部资源，发挥自己的专长。独立经营策划是从自我出发的，对于一般的中小企业来说，具有一定的风险。首先，它可能在市场上遇到大企业强大的竞争压力。其次，它可能遇到市场波动的影响。再次，它可能受到中小企业自身发展潜力的限制。因此，只有那些在设备、技术、人力、经营管理经验、产品或服务项目、市场等方面确实具有优势的中小企业，才能够较好地运用独立经营策划，真正实现自主经营、独立发展。

2. 依附合作经营策划

依附合作经营策划是指中小企业将自己的生产经营和发展与某一个大企业联系起来，为大企业提供配套服务，成为大企业整个生产经营体系中的一个专业化的组成部分,依附于大企业进行专业化分工与协作基础上的经营与发展。在一定的意义上,依附合作经营策划的实质是积极参与生产经营的社会化分工与协作,是现代市场经济发展的客观需要。但采用依附合作经营策划的中小企业必须妥善处理好依附性与相对独立性的关系,通过依附合作来借船下海,逐步提高自己独立自主经营的能力。这样,既不失去自主经营与发展的主动权,又可以不断增强自身的实力,以求在将来凭借新的实力建立新的协作关系,直至实现完全的独立。在现实经济生活中,许多企业都是依赖为其他企业当配角起家的。

3. 拾遗补阙经营策划

拾遗补阙经营策划是指中小企业避开大企业竞争的锋芒,不在市场上就同类产品与大型企业展开直接的正面竞争,而是选择大企业所不愿涉足的边缘市场或市场结合部,在市场上大企业竞争的夹缝中求生存、求发展。消费者对产品与服务的需求是多种多样的,市场也是丰富多彩的,在大企业的激烈竞争中,难免有一些经营业务领域的市场规模较小,大企业的主导业务发展方向的程度较低,难以实现大企业所追求的经济规模经营。这就为中小企业发挥拾遗补阙的作用提供了宝贵的市场机会。

市场的开发、产品的开发是没有止境的,拾遗补阙不见得就是小打小闹。随着市场需求和企业生产技术的发展,新的市场机遇将不断出现。这就为中小企业采取拾遗补阙的经营策划提供了几乎无限的可能性。拾遗补缺开发出来的产品往往是新产品,而这些新产品说不定就能开辟一个新的市场领域,激发新的市场需求,最终发展成为一个新的市场、新的产业。因此,采用拾遗补阙经营策划的中小企业必须对市场机会特别敏感,善于在小产品上做大文章,抓住一切机会使企业能够发展起来。

4. 联合竞争经营策划

中小企业受到自身资源与能力的制约,无法与大企业开展正常的市场竞争。虽然中小企业可以采取各种不同的经营策划,以避免与大企业直接竞争,但市场竞争的普遍性,要完全回避这种竞争几乎是不可能的。中小企业要想在激烈的市场竞争中站稳脚跟,除了努力提高自身的竞争能力和抗御风险的能力之外，还可以通过联合的方式，有效地克服单个中小企业在市场竞争中的天然的弱点与不足，以联合所形成的合力来与大企业在市场竞争中抗衡。中小企业的联合竞争发展战略，是指若干家中小企业根据市场的需要与各自企业的具体情况，以一定的方式组织起来，形成或是松散或是紧密的协作联合体，以求发挥不同企业的优势，弥补单个中小企业资源不足的劣势，改变中小企业在市场竞争中的不利地位。联合竞争经营策划有利于中小企业突破自身发展条件的限制，改善中小企业的发展条件，而且还可以促进社会资源的优化配置。

从企业各自的需要和共同利益出发，中小企业实施联合竞争经营策划可以采用不同的形式。因此，为了协调和规范不同企业的利益与经营活动，形成以共同利益和目标为基础的实质性的联合，在实施联合竞争经营策划时，一方面必须兼顾各个企业的利益，真正做到公正、平等、自主；另一方面，必然需要借助于一定的企业联合组织形式作为共同发展的组织保证。

5. 灵活运用经营策划

中小企业的一个突出的优点，是其经营与发展的灵活性。但是，有意识地选择灵活经营策划，仍然是摆在中小企业管理者面前的一项重要任务。中小企业的灵活经营发展策划是指企业从自身条件与客观可能出发，根据各种因素的变化，及时调整经营目标与方向，以实现企业效益的最大化。

中小企业采用灵活经营策划时需要考虑的第一个因素是企业的自身条件，即企业的内部资源。将企业的经营策划与发展目标建立在企业可以利用与开发的资源的基础之上，无疑是一个明智的选择。以企业的资源作为经营策划的出发点，可以依靠企业的资源优势来形成企业的产品优势与市场优势，争取在市场竞争中居于领先的地位。

中小企业在发展中利用资源优势表现在不同的方面：

（1）以企业拥有的人力资源或特殊人才资源为基础，选择企业的经营发展方向。

（2）以企业所在地拥有的特殊的原材料资源为基础，确定企业的经营发展方向。

（3）以企业所在地拥有的人文或自然景观资源为基础，确定企业的经营发展方向。

（4）以企业所在地的市场条件为基础，确定企业的经营发展方向。

中小企业采用灵活经营发展策划时需要考虑的第二个因素是客观环境因素，包括社会经济发展趋势、产业结构的变化、国家政策导向等。

中小企业在选择加入某一个行业时，需要全面考虑自身的条件和行业的特点，慎重进行决策。首先，要判明哪些行业正处于上升期，哪些行业已进入衰退期。中小企业必须在发展较快的行业中切实把握自己的位置，找到适合自己发展的业务经营领域。其次，要善于利用和依托本地区具有发展优势与潜力的产业部门和企业，借助其在技术开发、产品开发和市场开发等方面的有利条件，为我所用地促进企业的发展。再次，在进入新兴产业时要善于抓住市场机遇，力争不断位于本产业发展的前沿，保证产品开发和市场推广方面的优势。最后，中小企业需要密切注意国家产业政策的调整与变化，借助于国家的产业政策来加强自己的经营发展优势。国家的产业政策往往能够为某些行业中企业的生产经营发展提供一定的有利条件，如税负的减免、资金信贷方面的优先与优惠、对外经济技术合作方面的鼓励措施等。如果中小企业能够充分利用这些国家政策方面的有利条件，就可以获得更为优越的条件。

第七章　避开陷阱，脱颖而出

从某种意义上讲，少犯错误，就是成功。

创业之路并不能一帆风顺，商海风云变幻，陷阱很多，横亘在创业者脚下的雷区无所不在。

陷阱的性质不同，形式各异，有大有小，或明或暗。任何一个误区，都足以使创业者陷入四面楚歌、难以自救的境地。因此，企业如果想在激烈的竞争中脱颖而出，创业者必须对创业途中的各种陷阱一个全面的、深刻的认识和了解。

一、战略规划是企业的灵魂

有战略目标，但没有明确的战略规划设计；有明确的战略规划设计，但是没有实施的组织与管理措施，这两种情况都不能算作有战略、有规划。如果一个企业没有自己的发展战略规划，那么这个企业就没有了灵魂，任凭外部环境有多大的改善，企业也不可能得到发展。

（一）眼光太浅

在现实生活中，每一个中小企业成立的契机都在于创业者深信他们眼光独到，发现别人忽视了的机会，或者因为他们相信自己有某种新方法可以比现有企业做得更好。众多中小企业的诞生，往往是因发现了市场空缺，新的商业机会，或有了哪项新的发明，然后激起创办者的热情，在短时间里创办企业，生产产品满足市场需要，赚回了第一桶金。正是由于这种偶然性和突发性，使很多中小企业从一开始就没有一个完整的创办企业计划。企业成立后，又急于挣钱更是无暇顾及那看似与眼前经营毫不相干的所谓长远发展规划。缺乏企业战略意识并非个别现象，据了解，中国的企业家用在考虑企业战略上的时间不到30%，而中小企业的比例则更少。

没有长远发展规划的结果是造成企业目光短视，只看到眼前利益，看不到未来的发展变化以及企业在未来一段时间的应对措施和发展目标。例如，有的企业看到A产品在市场上很火，便拼命想挤进分得一杯羹。看到B产品受欢迎，又推倒灶台重新来过，总想抓住每一个似乎千载难逢的挣钱机会。结果盲目地参与进无谓的市场角逐，千军万马涌向一架独木桥，跟风造成恶性竞争状态。而从未找到安身立命之地的中小企业过着有今天没明天的经营生活，命运也就可想而知了。这就使得一个看起来经营状况很不错的企业，转眼之间就会变得一团糟，面对已不受市场欢迎的产品或无法适应新要求的组织结构，束手待毙。

对于一个成功的经营者来说，他应该能够预见到的不仅仅是一年、五年而是几十年的市场变化。因此为使企业发展，首先，从企业诞生初期就应该具有计划性。从事任何一项活动，都要制订周密的计划由远及近，然后按照计划目标扎扎实实地稳步发展。其次，要有预见力，抓住公众需求、社会变化趋势，制订发展规划才不会失之偏颇。再次，要重点突出。长远发展规划不是面面俱到信手捻来的臆想之作，而是在科学的分析基础上为企业明确未来的发展方向。

（二）眼光太远

由于市场经济初期，游戏规则不规范，市场空隙大，使得早期的中小企业发展空间较大。在取得了初始的成功后，有的中小企业得到了迅速扩张，问题也随之产生。规模扩张太快使管理跟不上。飞龙集团总裁姜伟在总结经营失利的教训时一语道破根源，反思深刻："一个希望快速扩张的公司，最容易做出灾难性的决策；发展是追求高质量的匀速运动，而不是惊心动魄的短期高速。而一旦使企业进入高速度的快车道，想减速往往成为不可能。"试想一下，一辆失控而飞驰的列车是多么可怕。而失控的原因则是企业相对于高速度明显落后的管理手段和组织结构。企业经营者的力不从心，最终会导致这辆失控高速列车的倾覆。

日本商界的说法很有意思，创业伊始便享有口碑，且坐拥三年者，证明它是一个有潜力的企业。第六年仍然方兴未艾，且勇往直前者，昭示着它是一个充满希望但又很值得怀疑的企业。因第二个三年，正是它急于扩张，沽名钓誉，滋生问题的时期，扬短避长和夜郎自大成为它成败的原因。

"眼光太远"的症状表现是中小企业明知缺乏资金和综合实力，却不顾现实条件，试图走大公司大企业的管理经营模式。

1. 急于打品牌战略，忘记了所处阶段

拥有个成功的品牌可以使企业拥有强大而长久的生命力。但是一个知名品牌的树立却远非一朝一夕的事情，需要付出的财务和精力是许多中小企业所无法办到的。因此，一味地不切实际地打品牌战略，往往会造成金钱和时间上的浪费，既削弱了核心竞争力，又达不到预期效果。当然并非说中小企业不能打品牌，实际上中小企业可以有许多灵活的生存之道。比如台湾的中小企业有一部分保留在代工模式，很少拥有自己的世界品牌。台湾市场上电子、资讯产品在国际上虽打着外国品牌，后面却是由台湾本地的中小企业生产，用的也不是自己的名字。这是由现实条件决定的，中小企业应该承认这个现实，任何跨越发展阶段的盲动都会带来灾难性后果。应该为生存而学会灵活和变通，为发展而积蓄实力，应该相信，总有一天会有质的飞跃。

2. 向大企业看齐，不从自身的实际出发，建立"小而全"的组织结构

办公设备的迅速增加，企业人员的迅速膨胀，管理层次的增加，文件的增加，内部沟通渠道的复杂化，无疑都降低了办事效率和反应能力，徒增了管理费用和难度，分散了经营重心和有限的资金。这样做等于是放弃了中小企业原有的优势。扬短避长，丝毫无益于中小企业的健康成长。

3. 什么事情都想自己做，却苦于有心无力

许多中小企业还未学会"借力""借脑"，试图完全靠自己的力量建

设企业这个大厦。看到人家由于形成了一个全国性的销售网络，而取得了市场上的成功，自己也想建立一个网络。看到人家抓研发抓出经济效益，自己也试图在研发上进行投入。力争发现点什么或发明点什么，然后能够生产出来，销得出去。总之，什么都想靠自己，似乎只有这样才踏实。结果分散了精力，什么都做不好，又削弱了核心竞争力。

如今的经济社会，讲求分工协作，更要学会"借力"。借助他人的力量，完成自己无法独立办到的事情。当自己弱小的时候，要善于发挥资源互补的功效。例如，有的中小企业可以集中精力搞生产加工，然后把行销工作和开发市场委托给专业的公司；有的中小企业原来就长于营销，就没必要非生产自己的产品；有的企业长于研究与开发，开发出来的产品也不一定非要建个制造厂进行生产，完全可以与长于生产的企业合作，使产品能够形成规模生产能力。这样做表面上看似分薄了利润，实质上是分散了风险，降低了费用和成本，获得了稳定的收益。

"虚拟企业"已成为企业经营的又一成功模式，OEM、ODM盛行的原因也就是在于更好地让仍不具实力的企业通过这条捷径迅速而坚实地成长起来。

中小企业渴望长大，但并不是长得肥胖，也不是巨人症，而是要长得强壮健康。小而优，小而强。做到组织合理，人员优秀，有很好的产品，很强的管理。一味地追求高速度，贪大求全，希望一夜之间成为行业巨人，拥有无比的竞争能力，成为一艘航空母舰，殊不知，欲速则不达。

二、规划和设计不能脱离实际

（一）计划脱离实际

从事任何一种行业的老板，都必须重视规划与设计。

在选择一种行业或开展一项业务时，必须从多方面进行通盘考虑，采取行动之前做好规划与设计。

然而，有很多经营者不善于做规划和设计，以致在经商之初便注定了失败的命运。

为什么有那么多的经营者不懂得怎样进行规划和设计呢？

原因在于这些经营者使用了错误的规划和设计方法。

不论是做生意，还是做其他事情，若想获得成功，都必须使用正确的方法。

就规划与设计而言，如果使用的方法正确，就可以保证生意成功；反之，如果使用的方法错误，则生意必然失败。

为了确保自己所做的规划和设计正确而有效，除了应当熟知那些正确的方法外，还必须了解什么是错误的方法，以便避免采用。当创业者为准备开业而书写规划时，他会听到各种各样的建议，而这些建立又常常是相互矛盾的。

对于这些建议，创业者要审慎对待，决不可盲从。

1. 辨别务实的计划

如果经营者所读到的某个计划，其撰写人明确写道，他们对第一章或第二章究竟能卖出多少产品心中无数。这表明这种计划是务实的。

这是因为对于产品的销售量而言，谁也无法准确地推断具体数字，只能通过实际数目来说明。

2. 区分勇气与莽撞

对于那些有勇气开创自己事业的人，大家总是很羡慕。但是，勇气与莽撞之间有很大差别，必须认真区分。

例如，担心失败，是一种很健康的情绪，并且应该在计划中提出来。创业者一定明白，在不景气的年月里，这种情绪会成为最强的工作动力。

因此，当经营者做规划和设计时，一定不要认为自己必然会取得成功，而是应做出实事求是的设想。这种"无畏精神"并不能够确保你成功。

3. 不要低估竞争对手

不要扬扬得意地拿出你的业务规划与竞争对手的弱点作比较。要公正地给你的对手评分，切不可对他们掉以轻心。不管怎么说，他们比你先进入了这个领域，而你还只是停留在起步阶段，二者不能简单相比。

（二）迷失根据地

一些中小企业创业者，坚信"船小好调头"，认为这是比较灵活的经营方式，根据市场需要，什么利润高就经营什么，并随时付诸行动。

当然，船小有船小的优势，但同时也有船小的劣势。比如，资金不雄厚，技术不先进，销售渠道不稳定等等。船不断调头，就要不断放弃原有设备、技术熟练的工人、原材料来源和产品销路，造成资金的浪费。而且，不断调头，会损坏企业的声誉——你这种产品不知能生产、经营多久，质量、售后服务没谱。

其他大企业一直生产这种产品，设备、销售渠道是现成的；品牌已打入市场，易被消费者认同；大批量生产，成本也低。

中小企业则不同，调头之后，重新购买设备，培训技术人员和工人，在成本方面比人家高，销售渠道也需要重新打开。总之，别人获利多的产品，中小企业生产未必获利。船小应发挥自己的特长，不要轻易调头。

总之，老板不要过于相信"船小好调头"的说法，而应根据自己的资金、设备、原料、技术、交通、员工素质等具体情况以及市场、相关企业的生产情况，决定生产或者经营什么产品。船小经不起风浪，转向时要三思而后行。老板作为企业的主要决策人，必须审时度势，不被表面现象所诱惑，经过仔细调查研究之后再决定是否转向，以保证企业和员工的利益。

（三）迷信炒作

炒作这个行为通过娱乐界的发扬光大后，一度被许多企业奉为圭臬。

尝到炒作甜头的企业可谓不少，尝到炒作之苦的企业更深知单纯追求轰动效应的害处。实际上善用炒作，追求轰动效应，是中小企业经营行为的一个特征。从以往的"酒香不怕巷子深"，完全不懂或不屑利用广告等手段树立企业形象和品牌形象，到太阳神首次启用CI策略大获成功，大部分企业都已意识到并行动起来，用市场营销观念宣传企业，宣传企业的产品，这无疑是观念上和经营手段上的一次质的飞跃。然而炒作仅仅是手段，不是目的。许多中小企业却本末倒置，把追求轰动效应当成了最终目的。

广告——市场——效益能否成为聚敛财富的三部曲？一夜之间筑起的空中楼阁能否经得起市场的考验？轰动效应产生的知名度能否给企业热衷于搞"地毯式"广告轰炸，认为只要敢花钱就会有收获时，当企业热衷于靠特殊手段而一夜成名的时候，有没有认真思考这些问题？有没有考虑"轰动"之后，企业还需做些什么？如果产品取得市场靠的是宣传，而非性能质量，如果企业所造的"名"与它的"实"反差太大，如果企业没有实实在在的营销策略，没有扎扎实实的内部管理机制，没有务实苦干的一个群体，特别是没有一个品质优良的好产品，而被徒有虚名的气氛所笼罩，企业能长盛不衰吗？

追求轰动效应，热衷于市场炒作的另一个可能的后果是原来实力就不强的企业，一夜之间树起众多个强有力的竞争对手，使市场竞争白热化，使企业的生存空间骤然变化，使企业毫无准备地暴露在竞争对手面前，造成被动挨打的局面。

近几年，一批企业之所以能靠炒作取得轰动效应而迅速在市场上取胜，与我国消费者的盲从性很有关系。随着市场的日趋完善，消费者的日渐成熟，市场的购买行为越来越理性。在理性市场上，只有那些排除浮躁心态，一心一意抓管理抓产品，再辅之有效的营销策略的企业才有望取胜。

（四）盲目乐观

"弄出一个产品，取上一个俏名，筹措一笔款子，抛出一堆产品，哄起一个名牌"，这是曾经的一夜致富的秘诀。的确，在中小企业蓬勃崛起的前20年，中国的市场给了人们太多的机会。因为中国的市场太贫乏，太需要物品的充实，大多数产品属于卖方市场，以至于很多人说那时候挣钱太容易了。压抑了数十年的需求，随着改革开放的深入，一下子全都爆发了出来。面对不成熟的市场，不成熟的消费者，似乎只要敢干，敢于豁得出去，做什么都是财源滚滚，这是一个敛财暴富的年代。抓住了时代机遇的创业者们在初始获得了迅速的成功。命运之神向他们绽开了微笑。这足以令许多人陶醉在成功的喜悦里。报表上迅速爬升的销售额和利润额足以显示业绩骄人，经营一路顺风。这给企业带来一种盲目乐观的情绪，从而掩盖了企业内部管理的缺陷，使企业慢慢倒闭。

这往往也是企业最易忽视的病症之一，就像人的肌体，当自我感觉良好的时候，却不知癌细胞正在悄然侵吞着原本健康的细胞，直到有一天，你感觉疼痛难忍时已病入膏肓，无法医治。企业也是如此，经营顺利时，沾沾自喜，急于扩大投资，增加员工人数，变得浮躁而不知自省，发现不了潜伏在企业内部的危机，结果，当企业外部环境发生变化时，就会陡然发觉经营状况无法挽回地恶化下去了。企业在内部管理上的弊病已然全部暴露，内忧外患足以让一个毫无心理准备的企业顷刻间败下阵来。

初获成功的企业最易产生的潜在危机有哪些呢？

（1）忽视创新。

（2）员工的无节制增加导致人员效率降低，费用上升。

（3）成本和费用的失控。

（4）盲目投资，追求多元化。

（5）放松对质量的需求，致使产品质量有下降趋势。

（6）由于缺乏后续的发展战略而导致的发展停滞危机。

对一个初获成功的中小企业来说，最可贵的是企业领导具有清楚的头脑，具有深刻反省的精神和危机意识，胜不骄，败不馁，始终能够客观地分析局势，及时发现潜在危机，不断完善企业自身，才能取得长久发展，取得一个又一个的成功。

（五）非法经营

非法经营是一株诱人的罂粟花，能开出美丽的花朵，能结出诱人的果实，但任何人一旦沾上她，就会陷入痛苦与失败的深渊。

社会责任是要求工商企业追求有利于社会长远目标的义务，遵守法律，并追求经济效益。而企业的道德则是与企业管理者的个人特征，组织结构设计，组织文化联系在一起的。"义与利"之辨，历来是中国传统美德中的重要内容。"见利思义"，经营企业既要谋取利润，讲究经济效益，更要讲求社会效益，做到以义取利、义利并举。而不愿承担社会责任、不讲究企业道德的企业则往往会深陷违法经营的泥潭，无法自拔，最终落得受到社会谴责，法律制裁。

中小企业，特别是新创立的企业在极具变化的市场大潮中更应时刻警惕，经常反思自身在谋求生存和发展的过程中，是否始终坚持了这一原则立场？是否注重诚实信用？有否重利而忘义？有否做出违背基本商业道德和商业伦理的行为？有否以次充好，缺斤短两，甚至成为假冒伪劣产品的温床？有否通过种种非法渠道牟取暴利或偷税漏税？不可否认的是，许多企业无法克服非法经营的毒瘾。为什么？利益的驱使，法律观念的淡薄和社会责任感的严重缺乏。

企业家是一个经济人，追求利润最大化，但同时企业家更是一个社会人，应该遵守道德和法律。企业的内涵，不仅仅是追求经济效益，还应有助于社会的完善和进步的责任。时至今日，报纸、杂志、电视连篇累牍地反映打击制假、造假卖假的案例，这种经营行为仍极为普遍，甚至盛行于某些地区某些行业中，尤其是存在于经营不规则的某些中小企业中。

"3·15"消费者权益活动在中央电视台演变成一个全年性的常规栏目，也说明这种经营行为不但没有随着打击力度的加大和经济的发展而有所收敛，反而仍在蔓延。靠社会和法律的力量去遏制非法经营实在必要。而作为中小企业本身应该树立怎样的经营理念，应该在市场中如何抵制利欲的诱惑，做到守法经营，正道生财？同样值得思考。

是否只有靠非法经营才能生存？只有靠生产假冒伪劣产品才能赚大钱？只有靠偷税漏税才能保证利润？答案是否定的。靠这种手段虽可一时获利，但绝不能最终获利，势必受到惩罚，而殃及自身。其次，讲求社会责任是否就会降低一个公司的经济效益？答案也是否定的。大部分的研究表明，企业承担社会责任往往与经济效益存在一种正相关关系。尽管可能在短期内没有看到直线上升的财务指标，但从长远看，可以有助于树立企业形象，提高企业信誉，吸引有才干的员工，获得社会和政府更多的支持。因此，企业守法经营，愿意承担社会责任，最终受益的是企业本身，是企业的长远健康发展的目标。这就是主观为他人，客观为自己的结果。

三、要重视人才教育和培养

（一）人才瓶颈

在一次中小企业研讨会上，广州一个拥有经营资本上亿元的民营企业家抱怨，企业已经购买最先进的电脑，但苦于找不到既懂财务，又懂电脑的人。好不容易招来四位大学生，很快都走了。深圳有家小有规模的民营企业家说：虽然企业已经公布吸引人才的优惠措施，如赠送股份、住房，但收获不大。

某财经杂志曾对100家中小企业做了一次调查，发现中小企业认为发展中最大的障碍是人才匮乏。市场竞争越来越像是一场人才的竞争，中小企业老板都抱怨，受资金、规模、名气、体制等条件的限制，对人才的吸引力远不如大公司、国有企业，这似乎是本身无力解决的矛盾，而没有人才，就没有一流的管理，没有一流的生产、营销、技术开发，形不成竞争优势，还何谈发展？然而中小企业人才难觅、人才难求、人才难留的根源更在于内部而非外部，其愿意为：

（1）中小企业通常没有一个长远的人才战略，没有对人才结构进行科学的战略性设计。

（2）中小企业通常不重视建立寻觅人才的正常渠道，大多数希望通过亲朋好友的介绍找到合适人选，而这往往找不到最优秀的人才。相反，会造成近亲繁殖、裙带关系泛滥，降低了企业的人员素质。

（3）中小企业的家族式管理，使企业人才难求、难留。家族外的员工即便有较高的管理知识和专业技能，也很难依靠能力获得晋升。有才干的人始终被排除在决策层外，没有归属感和发展前途，只有一走了之。

（4）中小企业往往没有健全的制度，没有人才招聘、人才培养和人员考核晋升奖励等机制，没有切实执行并行之有效的保障员工福利和正当权益的机制，如何在市场上求人才？

（5）中小企业觅到人才，在使用上往往只看眼前，不管将来。用人时高薪聘请尊敬有加，不用时弃置一旁，甚至过河拆桥，丝毫不尊重员工的人格和权益，这样的企业谁敢留？

（6）有的中小企业即使寻到了人才，用起来疑心太重。外聘人员能否"靠得住"？于是就出现了一种怪现象：企业聘请了总经理，却不给其经营管理权；聘请了财务经理，却又要派一个至亲坐镇财务部，生怕财务经理"图谋不轨"，逼得人家不得不走。

（7）有的企业吸引人才的方法单一，仅仅靠物质条件，这远远不够。一般选择去中小企业的人，都富于开拓进取、勇于创新的精神，不满足于现状，有强烈的竞争意识和个性，成就感强，追求自我实现。中小企业要想留住人才，仅靠物质条件是无论如何无法与大公司相抗衡的。因此应另辟蹊径，寻求突破。比如在企业内部形成宽松和谐的人际关系，积极奋进的工作气氛，简单明了的组织结构，不拘一格的奖励晋升机制。实现用人机制与企业文化的结合，才能使企业产生非同一般的吸引力和凝聚力。

（8）中小企业在"人才"的概念上普遍存在误区，什么样的人才才是人才？应该是符合企业发展要求，能为己所用的有专长的人，是勇于创业具有吃苦耐劳和创业精神的人。而不是简单地以学历为标准衡量的所谓"人才"。有些企业在宣传自己的用人成果时，喜欢标榜本企业有多少博士，多少硕士，多少本科生，他们很少认真考虑过这些人才是否是企业真正需要的？他们的聪明才智能否在企业中发挥作用？企业能给这批人多大的发展空间？如果答案是否定的，只能是既耽误了人家的前途，又浪费了自己的金钱，耽误了自身的发展。

（9）中小企业一味地想觅人才，留人才，忽视了对企业内部人才的发掘和培养，造成了"外来的和尚好念经"的局面，打击了现有人员的积极性。人的热情和潜能都是巨大的。既然中小企业客观存在难觅人才、难留人才的天生不足，为什么不善待身边的员工呢？对外招聘是发现人才的一条途径，对内挖掘也不失是一种既省力又省钱的好方法。企业现有人员，通常参与了企业的创业，对企业有较高的忠诚度，有长期为企业服务的思想。他们勤勤恳恳，任劳任怨，熟悉企业产品和运作，是企业可用之才。如果将他们进一步加以培养，或送出进修深造，或有意识地安排他们在企业各部门锻炼，在较短时间内就能为企业发挥出更大的作用。

企业主经常认为公司人才流失是因为"其他地方待遇更好"。这一认识是错误的。曾经有一项民意测验，列出五项要素，让1000名企业员工指出自己在寻找工作中最重要的一项，66%的人希望找一份有趣的自己喜欢的工作；52%的人看重工作稳定性，41%的人希望有一种成就感；37%的人看重报酬；30%的人认为能学到新知识最为重要。而这几项，中小企业经过努力都是能办到的。

有一位成功企业家说过："我始终认为，我和员工之间完全是合伙人、伙伴的关系。我办实业11年，没有主动辞退过一个员工。而且进了我公司的人都能安身立业，某些私企员工的高流动性现象在我这里看不到。""说到底，企业要以德治人。特别是民营企业不能只顾赚钱而忽视民心。周公吐哺，天下归心。一个企业要想经营得好，不是靠一个两个天才，更主要的是所有员工集体的智慧和作用。"

（二）忽视教育和培训

中小企业人才难觅，就使得企业内部的人员培训显得格外重要。当今时代，形势变化日新月异，知识更新迅速，信息传递膨胀，企业竞争激烈。对于企业人才的要求，也要有一个新思想、新认识、使其不断更新、不断提高，具备各种应变能力，适应今天的改革创新，适应竞争需要。人才的教育和培训是人力资源开发的源泉，是提高劳动生产率的主要手段，是提高经济效益的重要途径。因此，一个具有长远发展设想的企业，一个具有战略眼光的企业家，应该把人才的教育和培养放到至关重要的位置上，一刻也不放松。据统计，美国现在国民生产总值每年的增长额中，大约有一半是由于提高了职工人数而取得的。在日本国民收入的增长总额中，约有25%是由于增加了教育投资，提高了职工素质而取得的。从西方企业界可以看出，凡是发展快的公司，无一不在培训人才上恳花大本钱。

在人力资源教育和培训上，大公司大企业明显比中小企业做得好，他们通常有一整套的培训方案和计划，有一个相对稳定的部门和人员专门负责培训工作，有丰足的预算支持培训工作。就这几点而言，中小企业只能望尘莫及。这无疑是另类的"马太效应"，大企业培训工作做得好，企业更容易得到发展。因此大企业发展速度会更快。快者更快，慢者更慢，中小企业如何生存？

中小企业也有难言之苦，没有资金力量，什么事也不好办。企业生存已够令人殚精竭虑，根本没有闲暇去考虑培训工作。这实际暴露出有些中小企业根本没有把职工的教育和培训当作一件大事，提到议事日程上。再看看现实情况，也十分令人担忧。中小企业经历了创业之苦，进入稳步发展阶段。而那些"开国功臣"们却往往已跟不上企业发展的步伐，在学识、技能和远见上掉了队。如果想继续重用这批忠诚的"老臣"，为什么不有意识地让他们一边工作，一边接受再教育，有针对性地提高其技能？好不容易从外面聘来专业人才，却只是掠夺性使用。要知道人才也有老化落伍之日，只有不断吸收新知识，才能保持人才的鲜活和价值。有些做得稍好的企业也会把员工派出去学习，去读学位拿证书，但往往事倍功半。为什么？路子不对。中小企业资金有限，更应该把钱用在刀刃上。素质教育和技能教育都有成效，但立竿见影的是后者。在两者只能取其一的时候，中小企业应立足本企业之急需的技术，对企业员工进行短平快的培训深造，以求最快最佳结果。当然不是否认素质教育，关键是要分清轻重缓急。试想，拿学位可能要三五年，中小企业发展的关键也许就在这三五年。

因此，中小企业的教育培训更要讲求方法。不可能像大企业那样铺张。

中小企业完全可以从大企业内部树立一种崇尚教育和知识的氛围人手，一方面花一定的代价有意识地培训员工，另一方面可通过一定的奖励和激励措施，鼓励员工自己寻找再进修的机会，这样便可收到事半功倍的效果。而现实往往是员工自己找到了上学或接受业余教育的机会，企业却担心会影响工作而予以打击。这样做的结果只能是打击了员工的积极性。如果员工在企业里看不到学习再提高的机会，那些真正求上进，有前途的员工是留不住的。

四、赚钱不能纸上谈兵

（一）照搬书本

有些企业主很好学，总是喜欢多读些书，这样做当然是无可非议的。然而，他们也有一个缺点，那就是喜欢把书本上的东西往现实中生搬硬套，而不是加以变通，活学活用。

因此，这种企业主往往在生意场上吃大亏。其实，光靠理论是赚不到钱的。

一些知识分子企业家往往思想过于正统，很难接受和容纳现代的商业意识。他们一直为知识和书本所束缚，因而无法根据现实中的具体情况而加以变通。知识固然重要，然而，光凭知识去经商，完全照搬书本上的知识，也是行不通的。

美国的汽车大王亨利·福特，曾经和某家报社打过一场官司。因为该报评说他是一个"不学无术"的人。当然，福特没有受过什么学府式的传统教育，但他也并不是"不学无术"。福特不服气，于是双方对簿公堂。原告方面便拿出一些问题来考他。汽车大王更加恼火，他说，如果我是一个只会善于答问题的家伙，我怎么会有今天的成就！你要的答案，我可以随便命令手下人给你一个圆满的答复。

当今社会，商场情况是瞬息万变的，企业家若想获得成功，首先当然是要具备一定的学识，但绝不可生搬书本。

创业不是为了应付考试，所以满腹经纶者也未必能取得满意的成绩。

在商场中，胆比识更重要。

有些企业家迷信知识的作用，认为有了知识就等于已经获得了生意上的成功。所以，在经商的具体过程中，他们整天套用书本上的说法，动辄便说"某某说过""根据某某理论"等。尤其是现在西方的经营理论被大量引进中国，因而有些企业家如获至宝，潜心苦读，认为只要掌握了它们，就可高枕无忧、迈向成功了。

在经营的过程中，企业家必须具有大的气魄和胆量，灵活运用自己的知识，决定何去何从，才是上策。

"尽信书不如无书"，这样说绝不是贬低和轻视知识的作用。不要完全相信书本，并非让你完全抛弃书本和知识。对于创业者来说，知识和书本是非常重要的。

但是，应当提醒人们注意的是：一定要学对自己有用的知识。

其一，有针对性地阅读。有些书对自己并不适用，所以不要去读它们。就拿一些西方翻译过来的东西说吧，有些根本不适合于中国国情，所以要少读，或者不读。

其二，活学活用。任何知识都不是一成不变的，书本和现实之间毕竟存在着差距，所以切忌把书本知识生搬硬套，而是要活学活用。

此外，要多向社会学习，从现实生活中获得的知识，或许更实用、更有价值。

总之，一句话，既不要轻视书本和知识，也不要迷信书本和经验。

（二）局限于经验

经验是重要的。但是，企业家决不能被经验所左右。对于经验，要有一个正确的认识。

一方面，应当重视经验。因为经验是人们成败得失的总结，凝聚着成功者的心血和汗水，也积聚着对失败者的警告和提醒。所以，看一看自己和他人事业成功的经验，有助于获得更大成功。

但是，经验也有很大的缺点。以前的经验证明，某种经营方法是行之有效的，然而，由于客观条件发生了变化，所以不可一成不变地套用。

在现实的商业活动中，由于迷信经验、固守传统而导致经营失败的老板绝不是少数。

正确的做法应当是，既要重视经验，但也不能为经验所左右。

（三）迷信专家

管理者的任务是发挥众人的创造力，设法使工作完成，而不是自己完成这些工作。因而他本人并不一定非是某方面的专家不可。

一个人不必是优秀的足球队员，却可能带出一支伟大的足球队。一个人不必是样样精通的乐手，也可以成为一名优秀的指挥家。一个人不必学医，但他却能知道他所请的是一位好大夫。

在管理工作中，管理知识远比专业技术重要。一个管理者能够甄选出各种各样的专家，协调他们的能力。即使他不是他们中的一员，也可以管理这些专家。

过分信任专家、注重学历，就会在企业考核和选拔人才时论资排辈、扼杀年轻人的积极性。索尼公司深谙此道。它在经营管理方面第一个原则是通过评价一个人的能力来雇用一个人，然后给他以鼓励，促使他迅速成长，而不是以学历、资历为标准。

专家管理企业的手段大多是前人创造的原理、公式，市场调查所搜集的资料、信息等。他们的眼光大都着眼于历史，着眼于那些数据和图表。

他们孜孜不倦地设计一张又一张调查问卷，利用电脑将收集来的数据进行统计和汇总，然后得出的结论是：这项方案的成功率将是50%，失败率也是50%。

这并非诋毁专家的能力，一般来说，专家还是很重要的。新产品开发方案的制订、新技术方案的可行性研究，甚至某一部门经理的任免等重大公司事项，往往是专家一显身手的天地。如果不注重发挥公司智囊团的作用，难免产生各种问题。

但是专家有专家的长处，也有其短处。每一位专家都只是某一方面的专家。管理者只有善于发挥他们的长处，克服专家的弱点，才是真正成功的管理者。